Arnold Mindell

Traumkörper
und Meditation

Arbeit an sich selbst

Walter-Verlag
Olten und Freiburg im Breisgau

Die Originalausgabe: Working on Yourself Alone.
Inner Dreambody Work
© by Penguin Group – Arkana 1990
Ins Deutsche übertragen von Elke Müller

Inhalt

Vorbemerkung und Danksagung

Dieses Buch ist, wie ich glaube, Teil einer neuen, weitgefächerten Vorgehensweise in Psychologie und Meditation, um allein an Träumen, Körpergefühlen, kreativer Bewegung und Beziehung arbeiten zu können. «Arbeit an sich selbst» soll ein in sich geschlossenes Einführungs- und Übungsbuch für die innere Arbeit sein, damit prozeßorientierte Psychologie ohne die Hilfe eines Therapeuten angewandt werden kann. Es ist für jeden gedacht, der an Meditation und Psychotherapie interessiert ist.

Als Meditationsstudie gedacht, werden in diesem Buch Gedanken von dem weiterentwickelt, was ich in meinen Büchern «Traumkörperarbeit» genannt habe[1]. In «Dreambody» (1982, dt. 1985) berichte ich von der Entdeckung, daß Träume sich in Körpererfahrungen widerspiegeln können. «Der Leib und die Träume» (1985, dt. 1987) stellt die Grundlagen und Strukturen der Prozeßarbeit dar, den Informationsfluß von Gefühlen, Regungen, Gedanken, Reaktionen und die von mir so genannten «Kanäle», die den verschiedenen und verschiedenartigen «Sendern» und Vermittlungsmöglichkeiten der Medien gleichen. «Der Lauf des Flusses» («River's Way» 1987, dt. in Vorbereitung) umreißt die philosophischen Grundlagen meiner psychologischen Methode, «Der Traumkörper in Beziehungen» («The Dreambody in Relationship» 1987, dt. in Vorbereitung) wendet die Traumkörpersprache auf die Familientherapie an, während «Die Schatten der Stadt» (1988, dt. 1989) sich mit außergewöhnlichen und psychotischen Bewußtseinszuständen befassen. Unter «Traumkörper» verstehe ich das Gesamt an

9

Körpererfahrung, das dann eintritt, wenn wir innere Bilder mit Körperempfindungen und Symptomen in Verbindung bringen. Der Traumkörper umfaßt somit die Gesamtheit aller primären und sekundären Prozesse eines Individuums (oder auch einer Gruppe), wie sie sich in allen Kanälen ausdrücken. Das vorliegende Buch zeigt nun, wie all die in den genannten Büchern erwähnten Erkenntnisse bei der Gestaltung einer prozeßorientierten Meditationsweise und einer Selbsthilfetechnik nutzbar gemacht werden können.

Das Buch ist das Ergebnis von zwei Meditationsklausuren, die beide jeweils fünf Tage dauerten. Die erste fand im Sommer 1981 statt, als ich zum Bergsteigen am Col de la Croix in der Schweiz war, die zweite während meiner Ferien an der Küste Oregons in den USA. Dabei entstand wie unbeabsichtigt dieses Meditationsbuch, aber erst heute, sieben Jahre nachdem ich mit Schreiben begonnen habe, finde ich das Vertrauen, Sie daran teilnehmen zu lassen. Ich habe es sorgfältig geprüft und verbessert – mit der Hilfe vieler Menschen, die sich ebenfalls um Innere Arbeit bemühen –, und ich bin überzeugt, daß völlig verschiedene Menschen in völlig verschiedenartigen Bewußtseinszuständen dieses Ergebnis nutzen können. Es ist für alle bestimmt, die daran interessiert sind, den Geheimnissen von Träumen, Körpererfahrungen, Beziehungen und Synchronizitäten auf die Spur zu kommen. Die ersten drei Kapitel konzentrieren sich auf die grundlegenden und manchmal unausgesprochenen Voraussetzungen der gängigen Meditationsverfahren. Der zweite Teil der Arbeit zeigt mein eigenes Meditieren bei der Entwicklung der ersten Schritte zu einer prozeßorientierten Meditation. Teil I soll den Leser gedanklich herausfordern, während Teil II als Unterstützung bei der Arbeit an sich selbst gedacht ist. Teil III, die Arbeit an der Welt, wendet die Innere Arbeit auf Beziehungen und globale Prozesse an.

Letztlich geht es in diesem Buch um die Gestaltung einer Grundlage für prozeßorientiertes Meditieren, das sowohl westliche als auch östliche Erfahrungen miteinbezieht bzw. diese durch die Anwendung von Informations- und Prozeß- konzepten unterstützt. Indem ich ihn an dem Werdegang und der Entstehung der einzelnen Kapitel teilnehmen lasse, wird der Leser vielleicht auch dazu verleitet, auf jeden Fall dazu eingeladen, mich bei meinem Abenteuer zu begleiten und selbst mit den Übungen, mit der Inneren Arbeit, zu beginnen.

Der Leser, der wegen des oft meditativen Schreibstils logi- sche Konsistenz, entsprechende Folgerungen und die Ver- bindung zu anderen Meditationssystemen sucht, wird mög- licherweise manche Antworten im abschließenden Kapitel dieses Buches finden. Diese «Fragen und Antworten» sind nicht nur zur Information gedacht, vielmehr sollen sie auch die Forschung anregen. Für Fragen und Hinweise bin ich dankbar.

Es bleibt mir, den Menschen zu danken, die mir bei der Geburt dieses Buches geholfen haben. Ganz besonders möchte ich Barbara Croci dafür danken, daß sie mir wäh- rend der experimentellen Phase meiner Meditationsarbeit auf jede erdenkliche Weise geholfen und mich auch bei der Entwicklung der Seminarreihe «Arbeit an sich selbst» unter- stützt hat, von der manches in diesem Buch verwendet wurde. Barbara lehrte mich Hatha-Yoga, und zusammen be- gannen wir, die überlieferten spirituellen Übungen in eine prozeßorientierte Weise der Meditation umzuwandeln.

Zutiefst danke ich auch Carl Mindell, der vor vielen Jahren mein Interesse an der Meditation geweckt, mich in Mukta- nandas Siddha-Yoga und in die Vipassana-Meditation ein- geführt und mich auf andere Erfahrene in diesem Gebiet aufmerksam gemacht hat.

Auch dem Zentrum für Prozeßorientierte Psychologie in Zü- rich und Portland sowie angeschlossenen Gruppen in Den- ver, Seattle, Boston und Santa Cruz bin ich sehr zu Dank verpflichtet, denn sie haben die neuen Ideen dieses Buches in Übungsseminaren geprüft. Jan Dworkin, Reinhard Hauser, Amy Mindell, Dawn Menken, Debbie van Felter, Suzanne Springs und Madeleine Ziegler fügten viele wertvolle Vorschläge und Verbesserungen hinzu. Mein Dank gilt auch Katherine Ziegler für ihre hilfreichen Anmerkungen und Anregungen sowie Julie Diamond für ihre Unterstützung bei der Herausgabe des Buches.

Stephan Bodian vom «Yoga Journal» möchte ich danken, daß er noch im letzten Moment einige der offensichtlichsten Fehler im Hinblick auf östliche Meditationsweisen entdeckt hat. Meine Frau Amy Mindell hat mich energisch dabei unterstützt, diese Arbeit zu vollenden und das vorletzte Kapitel zu schreiben, das die Frage stellt: Wer ist hier?

Allen, die mir die Erlaubnis zum Abdruck von Bildern gegeben haben, gilt ebenfalls mein herzlicher Dank.

Avers, 1987   Arnold Mindell

Stillschweigende Voraussetzungen
der Arbeit an sich selbst

Meditation im Osten und im Westen – ein kurzer Vergleich

Ram Dass, einer der führenden amerikanischen Vertreter östlichen Gedankenguts traf sich anläßlich einer Radiosendung mit Fritz Perls, dem anerkannten Gestalttherapeuten. Ram Dass wurde bei dieser offensichtlich ersten Begegnung immer stiller, kehrte sich nach innen – eine Reaktion auf Fritz Perls, die diesen zu dem Vorwurf verleitete, Ram Dass vermeide jegliche Konfrontation, wenn er sich so distanziert verhalte[2]. An diesem Beispiel lassen sich die Unterschiede oder gar die Polaritäten östlicher und westlicher Haltung verdeutlichen. Ram Dass kann als ein Vertreter jener Richtung angesehen werden, die versucht, den Weg nach innen zu zeigen, damit der Mensch sich sammeln und den Geist von inneren Stimmen befreien kann. Perls ist demgegenüber der Auffassung, daß «Nach-innen-Gehen» den Menschen dazu veranlasse, das Leben und seine Schwierigkeiten zu meiden. Obwohl die psychotherapeutischen Vorstellungen des Westens und die östlichen Meditationspraktiken in vielem ähnlich sind, besteht doch kein Zweifel, daß die westliche Psychotherapie mehr nach außen gerichtet ist, extravertiert, und beispielsweise Beziehungskonflikte direkt angeht, während der östliche Zugang zu den Problemen des einzelnen Menschen eher auf dem Weg nach Innen, zur Introversion, geschieht und eine meditative Haltung dem Leben gegenüber einnimmt. Dieser grundsätzliche Unterschied – die nach innen gerichtete Tendenz der östlichen Meditation und die nach außen, auf Auseinandersetzung gerichtete Tendenz westlicher Praktiken – führt verständlicherweise häufig zu Spannungen, da es sich zugleich um die eigentlichen Ziele und Vorgehensweisen des Meditierens handelt. Oft ist eine gewisse Einseitigkeit zu erkennen – in der Argumentation wie in der Praxis.

Die extravertierte Einstellung

Der extravertierte Schwerpunkt der westlichen Psychotherapie, verkörpert durch Perls in der eingangs erzählten Geschichte, hat Analytiker und Therapeuten befähigt, wirkungsvolle Methoden der Interaktion bei Klienten und bei Beziehungskonflikten zu entwickeln. Die Ausschließlichkeit dieses Schwerpunkts bringt es jedoch mit sich, daß sie mit der Arbeit an sich selbst ziemlich unerfahren sind. Bei der Supervision und der Ausbildung von Therapeuten verschiedenster Schulen habe ich gesehen, daß bestimmte berufliche Unzulänglichkeiten auf zu wenig Erfahrung in der Inneren Arbeit zurückgeführt werden können. Dieser Mangel an eigener innerer Erfahrung hat Konsequenzen:

1. Er hindert uns daran, introvertierte Prozesse, wie Stillsein, non-verbale Kommunikation, Rückzugshaltungen, Katatonie und komatöse Zustände[3], einfühlsam zu verstehen;
2. führt er dazu, daß wir unsere eigenen inneren Erfahrungen und die unserer Klienten nicht beachten und unterdrücken, sobald sie an die Oberfläche kommen möchten;
3. macht er es uns schwer, mit Situationen negativer Übertragung umzugehen, und zwingt uns zu einer Arbeit innerhalb unseres jeweiligen psychologischen Programms;
4. macht er uns viel zu abhängig von Kollegen, von der Polizei und von Krankenhäusern;
5. führt er zu übermäßiger Abhängigkeit der Klienten von uns, da sie nicht lernen, allein an sich selbst zu arbeiten.

16

Die Zersplitterung in der westlichen Psychotherapie

Die westliche Psychotherapie von heute besteht aus hunderten von verschiedenen Schulen, die kaum miteinander in Verbindung stehen. Zwischen Körperarbeit und Massage einerseits und verbalen Psychotherapien andererseits klafft ein weiter Spalt, und in der familientherapeutischen Arbeit fehlen introvertierte Methoden, wie z. B. Traum- und Körperarbeit. Wir wissen ein wenig über die Psychotherapie am anderen, aber fast nichts über die Arbeit an uns selbst.

C. G. Jungs «Aktive Imagination», eine westliche Methode der Arbeit am eigenen visuellen Material, ist eine überzeugende Form der introvertierten Beschäftigung mit Träumen und Visionen. Der Träumer setzt sich allein mit den Traumfiguren auseinander und braucht dazu nur Schreibpapier, wie bei der Gestaltmethode der Klient nur den leeren «heißen Stuhl» und den Therapeuten benötigt (Perls 1969). Die Aktive Imagination kann mit Farben und Malen erweitert werden oder wie beim «Sandspiel» (Kalff 1966) durch den Sandkasten oder bei der «Authentischen Bewegung» von Mary Whitehouse (1979) durch Tanz. Die Wechselbeziehung zwischen Traum, Körperarbeit, Aktiver Imagination und Authentischer Bewegung ist noch immer ein Forschungsgebiet der Meditationspraxis.

Eine andere sehr nützliche Methode der Inneren Arbeit wird von Charles Tart (1987) in «Hellwach und bewußt leben» empfohlen. Mit Erfolg hat er hier Gurdjeffs Idee, daß wir spirituell schlafen, verbunden mit Meditationsübungen, die in Sinneswahrnehmungen gründen, und hat damit bis heute eine der besten praktischen Meditationsanleitungen gegeben.

Östliche Praktiken

In der Theorie sind viele buddhistische Lehrer, wie die westlichen, grundsätzlich allen Erfahrungen, Techniken und Religionen gegenüber offen. In der Praxis jedoch legen sie Nachdruck auf einen inneren Schwerpunkt, der Phantasien, spontane Gedanken oder Ideen und Emotionen unterdrückt. Deshalb sind Meditierende oft von unvermeidbaren «Störungen» geplagt, die zu tolerieren sie zu lernen haben. Viele Meditierende werden sich zu bestimmten Zeiten genauso gefühlt haben wie Charles Tart:

«Ich habe verschiedene Meditationsformen über viele Jahre hinweg geübt, doch nie hatte ich wirklich Erfolg dabei. Manchmal bezeichne ich mich selbst als Experten für Meditationsprobleme, da ich außerordentlich viel Erfahrung im Abschweifen der Gedanken gewonnen habe! Trotz meines intellektuellen Wissens um die Wichtigkeit der Meditationspraxis haben Unklarheiten im Hinblick auf das, was eigentlich zu tun war, und das entsprechende Fehlen von Ergebnissen meine Motivation untergraben, so daß ich über Jahre hinweg nicht regelmäßig meditiert habe» (Tart 1986).

Mir scheint, daß Tart hier unter dem Einfluß der unausgesprochenen Voraussetzung vieler Meditationsverfahren stand, daß nämlich Ablenkungen oder Störungen nicht sein dürfen. Wir wollen einige östliche Verfahren und ihre Voraussetzungen etwas eingehender betrachten.

Vipassana und Samatha. – Tart eröffnet Neuland, wenn er von Shinzen Youngs hervorragendem Überblick über Meditationsformen spricht (Young 1986), in dem dieser auf die beiden Säulen östlicher Meditation hinweist: Samatha, ruhiges Verweilen von Körper und Geist, und Vipassana, höhere Einsicht und zunehmend waches Bewußtsein. Diese Säulen finden sich in Theravada, Tantra und Zen und gehören auch zur christlichen Kontemplationspraxis.
Es gibt verschiedene Methoden, um Samatha zu erreichen: über entspanntes Sitzen, Visualisieren oder über die At-

mung. Auch Gesänge sind eine häufig angewandte Methode der Konzentration in China, Japan, Korea, Vietnam und im orthodoxen Christentum. Nach diesen alten Schulungsweisen ist Samatha ohne Vipassana Trance ohne Bewußtsein. Umgekehrt ist Vipassana ohne Samatha eine Art psychischer «Trip».

Der Strom der Edlen. – Meditation hat verschiedene Ziele. Ununterbrochenes Gewahrsein dessen, was innerlich und außen geschieht, läßt den Durchbruch zur Befreiung erfahren, der von den scholastischen Buddhisten als «Eintreten in den Strom der Edlen» bezeichnet wird. Dies bedeutet, daß wir von der Identifikation mit einem einzigen Bewußtseinszustand durchbrechen zu einem losgelösten Verbundensein mit inneren Zuständen und Prozessen.

Kensho. – Rinzai-Zen spricht von Kensho, dem Erkennen seines eigenen inneren Wesens. Young setzt diese Art von Erleuchtung mit Satori gleich. Kensho und Satori beschreiben die «Aha»-Erfahrung des Selbsterkennens und der Erkenntnis dessen, was das Leben ausmacht. Es ist die Entdeckung, daß wir tatsächlich die Figuren, von denen wir träumen, selber sind.
Soto-Zen betont die Meditation als solche. Ihr Ziel ist Selbsterkenntnis und Verwirklichung der Buddha-Natur im Leben. Psychologisch ausgedrückt würde das heißen, daß man in jedem Augenblick weiß, wer man ist, und dieses Wissen entsprechend lebt.

Östliche und prozeßorientierte Meditation

Ähnlichkeiten und Unterschiede. – Wir werden finden, daß prozeßorientierte Meditation, wie ich sie entwickelt habe, sich einerseits von diesen Meditationsformen unterscheidet,

ihnen aber auch in vielen Bereichen ähnlich ist. Für Prozeßarbeit ist, wie für Vipassana, wache Bewußtheit erforderlich.
Aber prozeßorientierte Meditation beginnt nicht unbedingt
mit Samatha, das heißt mit der Lösung von Spannungen
durch eine Entspannungsmethode, da Spannungen und andere «Ablenkungen» Teil des merkurialen Prozesses sind, der
uns interessiert. Tatsächlich werden wir sehen, daß die Arbeit
mit solchen Spannungen uns sehr schnell auf den Weg zu
Satori führen kann.
Prozeßarbeit hat sehr viel gemeinsam mit Soto-Zen, da der
Weg das Ziel ist. Es gibt keinen besonderen Zustand, der
bevorzugt würde, da allein die Fähigkeit, in jedem Augenblick so vollständig wie nur möglich zu leben, ausschlagge-
bend ist.

Beziehung

Viele östliche spirituelle Traditionen ritualisieren oder programmieren persönliche Beziehungen und vernachlässigen
Kommunikationsprobleme. Beziehungsprozessen auszuweichen hat den Vorteil, daß introvertierte Erfahrungen
intensiver erlebt werden; die Unterdrückung heftiger Gefühle in Beziehungen ist jedoch nicht sinnvoll, denn dadurch
entstehen zusätzliche äußere Konflikte, da die verdrängten
Emotionen anderweitig wieder auftauchen.

Verstandeskram

Ich habe mich oft gefragt, warum so viele Lehrer auf die
alltäglichen Gefühle und auf den sogenannten «Verstandes-
kram», den Hauptanteil des Denkens, herabsehen. Manche
Lehrer lassen die Atemzüge zählen, sich streng auf bestimmte Objekte konzentrieren, den Pulsschlag beobachten oder

ein Mantra wiederholen, um Kontrolle über die Sinne zu erlangen. Das Abblocken bestimmter Sinneswahrnehmungen zugunsten anderer führt jedoch nur zu einer Bewußtseinstäuschung. Wenn man nicht offen und unmittelbar mit ihnen umgeht, werden sie von der Meditation ablenken. Auf diese Weise brauchen wir Monate oder Jahre, um einen Zustand zu erreichen, der bei bewußtem Prozessieren, also dem Arbeiten mit störenden Gefühlen, wie Neid oder anderen Begierden, vielleicht schon innerhalb weniger Minuten hätte eintreten können.

Viele New-Age-Methoden senden verwirrende Botschaften aus über Begierden, Neid und Haß, die «niederen menschlichen Triebe». Manche Lehrer empfehlen, ganz neutral mit diesen Trieben umzugehen: «Laßt sie durch Euch hindurchgehen, während Ihr sie zur Kenntnis nehmt.» Andere wiederum lehren, daß man über diese niedrigen Triebe hinausgelangen und Liebe und Mitgefühl für alle lebenden Wesen entwickeln müsse. Wieder andere haben bestimmte moralische Vorschriften, um den Zustand von Reinheit in Körper, Sprache und Geist zu erhalten, was jedoch nur schwer zu verwirklichen ist[4].

Diese verwirrenden Botschaften, die oft an östliche Meditationsübungen anknüpfen, werden deshalb so bereitwillig von westlichen Meditierenden angenommen, weil es keinen Unterschied zwischen Ost und West gibt, sobald persönliche Probleme auftauchen. Jeder möchte den Schmerz überwinden, jeder fürchtet Egoismus und Zwänge, und jeder möchte frei sein von Ehrgeiz. Und doch habe ich die umwälzendsten Veränderungen immer dann beobachtet, wenn die lästigen störenden Persönlichkeitsanteile sich ausdrücken und sich wahrhaftig und echt entfalten durften und vom Bewußtsein anerkannt wurden. Wenn Sie leidenschaftlich oder ehrgeizig sind, versuchen Sie, sich ganz bewußt mit diesen Gefühlen zu identifizieren. Stehen Sie hinter ihnen, bereit, sie bei der Enthüllung ihrer Botschaft zu unterstützen. Es ist unnötig, sie beseitigen zu wollen, denn sie werden sich verwandeln, sobald ihre Botschaften ausgedrückt und gewürdigt sein werden.

Erleuchtung oder New-Age-Überheblichkeit?

Östliche und westliche Psychologien stimmen darin überein, daß Wandel etwas Vorübergehendes ist; einzig der Prozeß selbst ist von Dauer. Daher wird jeder Versuch, einen Zustand wie den der höchsten Bewußtseinsstufe erreichen und erhalten zu wollen, immer nur vorübergehend erfolgreich sein.

Ein Bewußtseinszustand, den viele Menschen anstreben, ist liebevolles Mitgefühl anderen gegenüber. Geschieht dies spontan und nicht als ein vom Ego organisiertes Programm, so ist dies eine sehr bedeutende und wirkungsvolle Art und Weise, in der Welt zu sein. Für die meisten Menschen ist liebevolle Zuwendung jedoch eher ein unveränderlicher Zustand, ein Ziel, das erreicht werden muß. Solche Menschen machen sich meistens über sich selbst etwas vor, und oft zeigen sie dann verborgene Vorurteile und Verachtung anderen gegenüber.

So kann die Fehlinterpretation östlicher Philosophien zu einer aufgeblähten Sicht seiner selbst führen. Meditierende, die Erleuchtung anstreben, betrachten andere oft als «niedriger», «an den elementaren Leidenschaften haftend» oder als «primitive Geister». In einer ähnlichen Falle steckt die westliche Psychologie: Der Analytiker und sein Klient neigen dazu, sich «ganzheitlich», «einig» oder «gelassen» zu geben, selbst wenn sie es nicht sind!

Gefahren der Entspannung

Vollständige Entspannung und das Loslassen spannungser-
zeugender Gedanken können auch ungesund sein. Jede Methode, sogar die Massage, kann gefährlich werden, wenn sie
nur zur Entspannung ausgeführt wird, es sei denn, sie wird
begleitet von einem sorgfältigen prozeßorientierten Erarbeiten der Bedeutung der ursprünglichen Spannungen. Dies hat
folgende Gründe:

Viele Jahre der Körperarbeit mit kranken Menschen haben
gezeigt, daß in der Vorgeschichte von Menschen, die an
Krebs erkrankten, sehr oft Spannungen unterdrückt worden
waren. Wie jeder andere Prozeß können jedoch auch Spannungen nicht hinweggezaubert werden, obwohl sie kurzzeitig aus dem Bewußtsein entfernt werden können. Verdrängte
oder auch gelockerte Spannungen verschwinden nicht einfach; sie scheinen aber für das Bewußtsein schwerer zugänglich zu werden. Eine der möglichen Folgen unterdrückter
Prozesse, wie Spannungen, ist das Entstehen unzugänglicher
Symptome und Krankheiten wie etwa Krebs.

Außerdem frage ich mich, ob das Beseitigen von Spannungen,
oder ihr «Hinausschütteln», wie dies bei manchen Meditationsformen, Körperarbeiten und Massagearten üblich ist,
für alle anderen, die in diesem Universum leben, ökologisch
unschädlich ist. Auf der ganzen Erde werden Menschen sich
der Gefahren der Abfallbeseitigung bewußt. So wie die Ge-
wässer der Erde überlastet und gestört werden, genauso kann
das Abschütteln von Spannungen in die Luft den spirituellen
Bereich des Planeten belasten, den Ort, von dem wir alle «trinken», wenn wir durstig sind. Wenn die Erde ein System oder
ein Feld ist, ist es nicht möglich, etwas *hinaus* zu werfen; wir
können es nur *in* das System zurückbefördern. Wir sollten
bedenken, daß Information nicht vernichtet, sondern nur in
das globale Informationsmeer geworfen werden kann, in das,
was Jung das «Kollektive Unbewußte» genannt hat. Sie wird

zu einer Wolke von Unruhe und Störungen, die dann von irgendjemandem im «Feld» aufgegriffen werden wird.

So denke ich, daß es sicherer ist, wenn wir mit unserem seelischen Abfall prozeßorientiert arbeiten, das heißt: ihn bewußt machen, seine Dynamik und Symptome wahrnehmen und daran arbeiten.

Warum sollen wir uns eigentlich auf «Entspannung» programmieren, oder «unsere alten Gedanken durch neue Bilder ersetzen» (Adair 1984)? Obwohl diese Vorgehensweisen einfach durchzuführen sind, könnten sie den Nachteil haben, Krankheit zu erzeugen oder die psychische Ökologie unseres Planeten aus dem Gleichgewicht zu bringen. Jeder individuelle Meditationsprozeß hat doch seine nur ihm eigene Möglichkeit, Probleme zu bearbeiten. Unsere Aufgabe sollte es daher sein, diese individuelle Methode herauszufinden.

Zusammenfassung

Einige der Merkmale östlicher und westlicher Methoden der Inneren Arbeit seien im folgenden zusammengefaßt:

1. Die extravertierte Ausrichtung der westlichen Psychologie auf klinische Arbeit und persönliche Interaktionen hindert uns daran, verstehen zu lernen, wie man allein, ohne Therapeuten, an sich arbeiten kann.

2. Östliche Methoden, die auf einen Bewußtseinszustand des Losgelöstseins ausgerichtet sind, könnten dies mit flexibleren Meditationsanweisungen erreichen, ohne den Bewußtseinsschwerpunkt auf bestimmte Objekte, Sätze oder Körpererfahrungen festlegen zu müssen.

3. Die Tendenz, in der Meditation emotionale Interaktionen zwischen den Menschen zu vermeiden, erzeugt durch Unterdrücken von Begierden, Neid und Egoismus unnötige Belastungen in Beziehungen.

4. Jede Psychologie, die Körperspannungen und innere

24

Schwierigkeiten unterdrückt, macht sie dem Bewußtsein schwerer zugänglich. Möglicherweise geraten sie in das kollektive psychische Feld, oder sie erscheinen in den zellulären Prozessen des Individuums, die dem Bewußtsein nicht zugänglich sind.

5. Die meisten Meditationsweisen, außer T'ai Chi und Authentischer Bewegung, vernachlässigen kreative und spontane Bewegungen und Gefühle. Ich kenne keine Methode, die Menschen empfiehlt, Bewegungen zu entdecken oder zu gestalten. Vipassana und Zen hemmen eher spontane Bewegungen und programmieren ganz bestimmte festgelegte Bewegungsarten.

6. Viele Meditationsweisen löschen die gewöhnlichen, alltäglichen Belange aus und erzeugen veränderte Bewußtseinszustände. Sie tun dies nicht nur wegen der dadurch eintretenden Bewußtseinserweiterung, sondern auch weil sie nicht in der Lage sind, anders mit Alltagsproblemen umzugehen.

Ein neuer Zugang zur Meditation

Können wir eine Innere Arbeit entwickeln, die es uns ermöglicht, die uns ganz persönlich innewohnende Meditationsweise zu entdecken, und die die Mängel ausgleichen kann, die wir bei den bestehenden östlichen und westlichen Meditationsmethoden angetroffen haben? Die Schwierigkeiten in der westlichen Psychologie und bei den östlichen Meditationsritualen könnten besagen, daß die Ziele und Glaubenssysteme, aus denen sie entstanden sind, unzureichend sind für den Umgang mit Problemen, die bei der praktischen Ausübung entstehen. Vielleicht sollten wir ganz neu anfangen und ein neues System entwickeln. Denn die oben beschriebenen Probleme können nicht gelöst werden, wenn wir den bestehenden Methoden noch mehr Techniken hinzufügen.

Paradigmenwechsel in der Meditation

Ein neues Paradigma (= Wertesystem, Grundlage unseres Weltbilds) in der Meditation sollte alten wie neuen Zielsetzungen entsprechen. Der Weg dorthin wird jedoch jeweils ein anderer sein. Typische moderne und auch alte Ziele der inneren Entwicklung sind: dem Unbewußten folgen (wie in der analytischen Psychologie), Stärkung und Befreiung von Energien (wie bei der Akupressur und anderen Systemen der Körperarbeit), das Tao erspüren (wie im I Ging), ein Krieger werden (wie bei Castaneda und Trungpa), sich von Illusionen lösen (wie im Buddhismus) und in den «Strom» eintreten (wie bei Vipassana)[5]. Das Prozeßparadigma umfaßt alle diese Bestrebungen dadurch, daß es an Träumen und Körperphänomenen arbeitet, dem Energiestrom im Traumkörper folgt, die Meditierenden befähigt, ihr Hexagramm des I Ging zu verstehen oder es sogar vorher zu erraten, daß es den Krieger zum «Sehen» diszipliniert, den «Objektiven Beobachter» des buddhistischen Meditierenden verwirklicht und das Fließende eines Vipassana-Meditierenden entwickelt.

Ziele sind Prozesse

Es ist ein faszinierendes Kennzeichen von Meditationszielen, daß sie von unseren Vorstellungsbildern des idealen, entwickelten Menschen geprägt sind und daß diese Bilder selbst sich während unseres Wachstumsprozesses ändern. Können wir eine Meditationsweise finden, die unseren unmittelbaren Zielen entspricht, die sich aber auch wandeln kann, wenn

26

unsere Ziele sich ändern? Werde ich, wenn ich mit prozeßorientierter Meditation beginne, fähig sein, heute meine
geliebten Zen-Ziele zu erreichen und dennoch morgen mein
Bedürfnis nach Verstehen eines Traumes oder eines Bezie-
hungsproblemes erfüllen können? Werde ich wirklich All-
tagsprobleme bewältigen oder sogar Krankheiten zum
Rückgang bringen können?

Prozeßorientierte Konzepte sollten
1. andere Meditationsweisen einschließen;
2. uns befähigen, dem natürlichen und individuellen Prozeß
   zu folgen, bei dem sich die Ziele während der Entwicklung verändern;
3. sich bereits bewährt haben, Schmerzen, die bei psychosomatischen Erkrankungen auftreten, zu entschlüsseln und
   zu lindern;
4. uns befähigen, verschiedenartige Meditationsweisen in
   uns selbst zu entdecken. Hatha-Yoga, Kreative Bewegung
   und Tanz, Beziehungsarbeit, Visionssuchen, Visualisatio-
   nen und Innerer Dialog tauchen von selbst in der Meditation auf, auch wenn man sie vorher nie studiert hat;
5. gegenüber Kritik und weiterer Forschung offen sein.

Ist es falsch, menschlich zu sein?

Viele psychologische Schulen und Meditationslehren setzen
grundsätzlich und teilweise unbewußt voraus, daß der
Mensch seinem Wesen nach undiszipliniert ist, unachtsam,
lieblos und voller Begierden, Neid und Egoismus, gefährlich
und jedenfalls irgendwie daneben geraten.
Die meisten von uns glauben das auch. Wir denken, wir seien
nicht in Ordnung, die Welt sei ein Durcheinander und daran
sei auch nichts zu ändern. Wir werden von seltsamen Träumen gequält, von inneren Stimmen, Körpersymptomen,

Beziehungsproblemen, von Umweltverschmutzung, giftigem Essen und aggressiven Nachbarn. Das führt dazu, daß wir unseren Verstand dazu benutzen, unsere Träume zu zergliedern und unsere inneren Stimmen wegzuanalysieren. Wir meditieren mit Mantras, entwickeln eine Medizin, um unsere Symptome zu beseitigen, wir programmieren unsere Gefühle in annehmbare Kommunikationskanäle und schaffen Armeen, um uns voreinander zu schützen. Unser Glaube treibt uns auch in den Krieg, und ganz selten, aber nur für den Augenblick, gewinnen wir eine Schlacht gegen unsere Natur. Der Glaube, daß die Dinge falsch seien, führt uns zu kausalem Denken; er teilt die Welt auf in Probleme und Lösungen. Dieses alte Paradigma hat uns dabei unterstützt, mit psychologischer und chemischer Kriegsführung gegen Symptome und störende innere Anteile vorzugehen und so unser Leben zu verlängern.

Aber der kriegerische Glaube, daß wir falsch angelegt seien, kann den möglichen Sinn hinter dem, was geschieht, nicht erkennen. Ich bin nicht krank, weil ich etwa nicht genug Vitamine geschluckt, nicht lange genug meditiert oder eine ererbte Schwäche habe. Es könnte sein, daß meine Probleme ein Teil von mir selbst sind, den ich noch nicht kenne.

Ein weiteres Problem des kausalen Denkens ist, daß wir die Welt nicht mehr mögen, wenn sie unsere Erwartungen nicht erfüllt. Wenn wir ein Problem nicht lösen können, gehen wir dagegen an. Aggressive Nationen und geisteskranke Despoten erfüllen meine Erwartungen im Hinblick auf den Weltfrieden nicht. Ich würde sie gerne ändern, aber ich kann es nicht. Wenn ich nicht acht gebe, erkläre ich ihnen den «Krieg», versuche, sie herabzusetzen oder sie in eine Nervenklinik zu stecken. Wir müssen lernen, wie wir mit unserer Geistesgestörtheit und Aggression in sinnvoller Weise umgehen können.

Da alles, was geschieht, sinnvoll sein kann, müssen wir unserer Auffassung von Menschlichkeit eine neue Dimension

28

hinzufügen. Sie könnte sich anhören wie eine sehr alte, die sagt: «So wie die Welt ist, ist sie vollkommen.» Auch wenn ich nicht das Gefühl habe, daß die Welt, so wie sie ist, wirklich vollkommen ist, habe ich doch durch ungünstig erscheinende Ereignisse große Bereicherung erfahren. Eine wichtige und vielleicht neue Dimension in der Meditation könnte darin bestehen, daß wir alles, was geschieht, annehmen und es prozessieren, auch Ärger, Eifersucht, Begierde und Emotionen, um ihr lebenspendendes Potential zu enthüllen. Statt unsere Wesensart verändern zu wollen, um sie unseren vorgefaßten Vorstellungen von Harmonie oder Frieden anzupassen, könnten wir versuchen, den Sinn hinter den Geschehnissen herauszufinden. Vielleicht erhalten sie im Keim gerade das, was wir brauchen.

Meine Fragen sind nun: Wie kann ich alle meine Wahrnehmungen zum Nutzen für mich und die Welt am besten einsetzen? Wer ist es, der wahrnimmt? Wer in mir will seine Probleme loswerden?

Grundlagen der Prozeßarbeit

Nun wollen wir die Konzepte der Prozeßarbeit genauer betrachten. Wenn wir bestimmte Teile von uns selbst ablehnen, können wir damit nicht wirklich erfolgreich sein, da sie nicht einfach ausgerottet werden können. Mit einer liebevolleren, mitfühlenden inneren Haltung würden wir unsere Launen, unsere Schmerzen, unsere negativen Gedanken und vieles mehr zumindest als potentiell sinnvoll betrachten.

Liebevolle Zuwendung. – Sie ist ein entscheidendes Element in der Prozeßarbeit, weil sie voller Wärme jedes mögliche Wachstum toleriert. «Mitfühlende Liebe» und andere spirituelle Gefühle für andere Menschen verwandeln sich während der Prozeßarbeit in eine Haltung des Annehmens und

Weiterverfolgens aller Geschehnisse, die unsere Wahrnehmung erreichen. Das bedeutet auch anzuerkennen, daß alles an uns und daß Beziehungserfahrungen sich potentiell im persönlichen Wachstum entfalten können. Es gibt keine «guten» oder «schlechten» Menschen: Wir alle sind Teile eines Ganzen, die Bewußtsein und gegenseitige Zuwendung erfordern.

Deshalb steht im Zentrum der Prozeßarbeit ein mitfühlendes Bewußtwerden unserer eigenen Wahrnehmung. Jedes psychologische oder meditative Vorgehen beruht auf philosophischen Gedanken, und das vorherrschende Paradigma der Prozeßarbeit ist die mitfühlende Zuwendung. Eine solche Philosophie beinhaltet, daß die Natur nicht schlecht ist; sie ist, was sie ist. Menschen sind weder nett noch boshaft, unser Körper fühlt sich wohl oder er ist krank, wir haben schöne oder schreckliche Träume, hören kritische oder liebevolle Stimmen, wir bewegen uns anmutig oder schwerfällig, wir sind glücklich oder deprimiert, die Welt verhält sich wohlwollend oder sie ist gegen uns. Alles, was sich ereignet, ist unser Bewußtseinsprozeß, das grundlegende Material der Meditation.

Alchemie und Amplifikation. – Mitfühlende Zuwendung ist nicht genug; wir brauchen auch eine sogenannte «Kochmethode». Ein Alchemist würde den Bewußtseinsprozeß die *prima materia* nennen, die magische Substanz, die gekocht werden muß, der Stoff, der sich verwandeln wird. Das Grundmaterial ist der *Prozeß: Signale oder Informationsteile, die ständigem Wechsel unterliegen.* Um das alchemistische Gleichnis weiterzuführen: Der Alchemist gibt den Prozeß (die Signale) in den Topf der Meditation (Brennpunkt der Aufmerksamkeit) und kocht (amplifiziert) ihn bis zur Vollendung. Alles, was geschieht, alles, was der Alchemist auf irgendeine Weise wahrnimmt, kocht oder *amplifiziert* er – er sammelt Eindrücke, Gefühle, Reaktionen, Meinungen usw.

und wirft sie zusammen –, gleichgültig, ob es angenehm, schrecklich, verwirrend oder komisch ist, und «kocht» nun alles in der Hoffnung, daß diese Mischung sich mit der Zeit in Gold verwandeln werde.

Und was ist dieses Gold der Alchemisten? Die anfänglichen Ziele des Alchemisten sind wahrscheinlich die gleichen wie Ihre oder meine Ziele: Befreiung von Schwierigkeiten, Hoffnung auf Erlösung, Erleuchtung, Liebe, Unsterblichkeit oder Spontaneität. Aber was wir schließlich bekommen, kann etwas sein, von dem wir nicht einmal wußten, daß es uns fehlt – etwas so Kostbares und Lebensnotwendiges, daß wir darüber sogar unsere ursprünglichen Ziele vergessen könnten.

Das Gold des Alchemisten ist tiefere Verbundenheit mit seinen Erfahrungen und manchmal sogar Einblick in seine eigene Wesensnatur oder in die der anderen. Dieses Gold erscheint in genau der Form, die er braucht. Der Alchemist bekommt vielleicht mehr Wärme, Liebe, Flexibilität, mehr Bereitschaft dazu, ein Krieger oder tapfer zu sein, Befreiung von Symptomen oder einfach das Aufhören seiner Erschöpfung. Was auch immer schließlich geschieht, es wird ein Prozeß sein, der ihn mit dem inneren Mittelpunkt allen Geschehens verbindet.

Prozeß, Signale und Kanäle. – Wir gehen also vom Prozeß aus, der Grundsubstanz, die wir kochen müssen; wir nehmen diesen Prozeß und unsere dazugehörigen Gefühle, geben alles in einen Topf und können nun beginnen. Und genau das haben Alchemie und Taoismus schon immer gelehrt. Vielleicht liegt ein Grund, weshalb Alchemie, Taoismus, östliche Rituale und westliche Psychologien so schwer anzuwenden sind, darin, daß der Prozeß und seine Signale nicht ausreichend exakt definiert wurden. Das wollen wir nun hier versuchen.

Prozeß ist Information, die uns auf spezifischen Wegen oder Kanälen erreicht, wie Sehen, Hören, Bewegung, Propriozeption (Körpererfahrung), Beziehungen und die Welt. – Zum Beispiel sitze ich gerade an der Küste von Oregon. Ich sehe mich (visueller Kanal) in einer Strandhütte, und ich höre (auditiver Kanal) und sehe das Meer vor mir. So könnte ich meine Wahrnehmungen «kochen», indem ich Sehen und Hören amplifiziere. Der Prozeß verändert die *Signale* (also die kleinen Einheiten und Teile der Information), die ich sehe und höre, und ich schaue gerade auf meine Schreibmaschine hinunter und höre einen Riesen im Meer, etwa 60 m von mir entfernt. Ich versuche zu horchen, aber ich spüre die Hitze der letzten Strahlen der sommerlichen Sonne auf meinem Rücken (propriozeptiver Kanal der Körperwahrnehmung), während die Sonne langsam am Horizont versinkt. Ich nehme die Bewegung meiner Hände und die Ruhe meiner Körperhaltung wahr (kinästhetischer Kanal). Plötzlich werde ich mir eines Gefühls der Offenheit bewußt, das durch ein vor kurzem stattgefundenes Gespräch mit Barbara über das Schreiben entstanden ist (Beziehungskanal). Ich stelle mir jetzt vor, daß ich nicht nur für ein paar Menschen schreibe, sondern für die ganze Welt (Weltkanal). Ist es ein Geist aus dem Meer, der da schreibt? Während ich amplifiziere, ihn «koche», merke ich, daß ich noch weiterschreiben soll.

Unsere drei Persönlichkeiten. – Ich möchte Ihnen eine Frage stellen. Wissen Sie, was mit Ihnen geschieht, wenn Sie nicht meditieren und Ihre Wahrnehmungen nicht bemerken und aufgreifen? Was tun Sie die meiste Zeit?
Wenn Sie diese Frage nicht beantworten können, ist das wahrscheinlich ein Zeichen dafür, daß fast alles, was Sie tun, unbewußt geschieht. Sie können ja sagen, daß Sie, wenn Sie nicht meditieren, einfach Ihr Leben leben: aufstehen, essen und schlafen, arbeiten, für sich sorgen, sich um Ihre Familie und um andere kümmern. Aber dann müßte ich fragen:

«Wer ist es, der dies alles tut? Tun Sie das als vollständige Ganzheit?» Sie werden wohl verneinen. Sie wissen, daß dies nicht Ihre Ganzheit ist, weil manchmal ein winziger Teil von Ihnen sich über das, was Sie tun, Gedanken macht.

Sie oder etwas in Ihnen denkt über Sie nach. Sie haben ein Metadenken, das heißt, Sie denken darüber nach, daß Sie denken. Dieses Relativieren bedeutet, daß Sie zu gleicher Zeit entweder an zwei Orten oder aber zwei Persönlichkeiten sein müssen, oder besser noch drei. Sie sind derjenige, der etwas tut, und derjenige, der darauf reagiert, und außerdem sind Sie auch noch der Beobachter, der die Wechselbeziehung zwischen den beiden wahrnimmt.

Primär- und Sekundärprozesse und Metakommunikator. – In der Prozeßtheorie ist der *primäre Prozeß derjenige, mit dem Sie sich am meisten identifizieren.* Er ist der Teil, den Sie «Ich» nennen, der Teil, der «handelt» in Ihrem Leben, der gewisse Rollen spielt, arbeitet und Pflichten erfüllt.

Dann gibt es da sekundäre Betrachtungen und Störungen, die mit Ihrem Handeln normalerweise nicht verbunden sind oder nicht mit ihm übereinstimmen. Ein sekundärer Prozeß reagiert auf Ihr Handeln und macht es schwierig, aufmerksam zu sein; er ist der Ursprung von Körperproblemen und Beziehungsschwierigkeiten. *Der sekundäre Prozeß ist das, was der Meditierende normalerweise Zerstreutheit, Ablenkung oder Störung nennt.* Ein sekundärer Prozeß kann sich in der Welt bemerkbar machen als ein Unfall, der Ihre Vorhaben und Absichten durchkreuzt, oder als ein Traum, der Sie aus dem Schlaf holt. Das sekundäre ist nicht immer mit dem primären Ich in Übereinstimmung.

Und schließlich gibt es noch eine Art «neutralen Beobachter», einen *Metakommunikator*, der, wenn man wach ist, beide Prozesse, den primären und den sekundären, wie von oben, von einem Berggipfel aus, wahrnehmen und über diese Wahrnehmung und Einsichten auch sprechen kann.

Anerkennung oder Ablehnung des Ego? – Was geschieht mit dem Ego in der Prozeßtheorie? Es wird von den östlichen und westlichen Lehrern unterschiedlich definiert, da sie ihre Beobachtungen auf gegensätzliche Paradigmen oder Wertvorstellungen stützen. Viele westliche Psychologen bestehen darauf, daß unser Ego entwickelt und verteidigt werden müsse. Die meisten östlichen Lehrer dagegen empfehlen uns, es loszuwerden; es gebe kein Ego, sagen sie, es gebe nur den «objektiven, unbeteiligten Beobachter». Beide Definitionen betrachten das Ego als einen unbewegten Zustand, was es natürlich nicht ist. Prozeßorientiertes Denken kommt um dieses Problem herum, indem es das Ego als einen unserer möglichen Beobachter definiert. *Das Ego ist,* zumindest anfänglich, *das «Ich», das sich mit den Geschehnissen der Welt identifiziert.*

Das Ego wird als Zwilling des primären Prozesses geboren. Daher ist es, wie der primäre Prozeß, zu Beginn einseitig, was den östlichen Meditierenden verunsichert. Deshalb will er es loswerden. Eigentlich will er es wecken, seine Identifikation mit alltäglichen Belangen unterbrechen und es von ihnen loslösen, damit er sie und auch die sekundären Prozesse betrachten kann. Der Meditierende hofft, daß er das Ego von einem einseitigen Betrachter des primären Prozesses in einen objektiven, unbeteiligten Beobachter verwandeln kann.

Während der Meditation kommt das «Ich», wie die westlichen Psychologen das Ego bezeichnen, in Schwierigkeiten, weil es auf sekundäre Prozesse stößt, die mit den primären, mit denen es sich bisher identifizierte, nicht übereinstimmt. Zum Beispiel könnten wir sagen, daß das Ego sich zunächst als netten Menschen identifiziert. Und nun entdeckt es niederträchtige Figuren im sekundären Prozeß, das heißt in Träumen, Visionen, Projektionen usw., die es in Konflikt bringen. Dieser Konflikt erzeugt Spannung und ein ständiges Hin- und Herwechseln des «Ich», das sich in einem Augenblick mit dem primären und im nächsten mit dem sekundären Prozeß identifiziert.

34

Während wir wachsen und uns verändern, «flippen» wir nun manchmal in den niederträchtigen Kerl hinein, was unseren Mitmenschen, die uns früher als berechenbaren und netten Menschen erlebten, ziemlichen Kummer bereitet. Im Verlauf der natürlichen Entwicklung oder mit Hilfe der Psychotherapie oder eines Meditationslehrers löst sich das Ego, das zuerst der eine und dann der andere Prozeß gewesen war, von beiden. Es wird zum *objektiven Beobachter* oder zum Metakommunikator und betrachtet seine beiden Anteile vollkommen neutral.

Der klassische Analytiker spricht mit dem Metakommunikator, ohne ihn als solchen zu identifizieren, wenn er die anderen Teile interpretiert. Die verbalen Therapien sind abhängig vom Metakommunikator. Deshalb wollen die meisten westlichen Psychologien das Ego, den primären Prozeß, aufbauen und stärken; es muß sich bis zu dem Punkt entwickeln, an dem es sich selbst und auch den sekundären Prozeß betrachten kann.

Östliche Therapien erreichen das gleiche Ziel auf andere Weise. Durch Meditation lockert das Ego seine Bindung an den primären Prozeß und wandelt sich schließlich zum Metakommunikator. Die theoretischen Unterschiede der beiden Schulen kommen daher, weil der Osten die Vergänglichkeit aller Dinge betont und der Westen den Schwerpunkt auf die Bedeutung dieser Welt legt.

So sind sie unterschiedlicher Meinung darüber, was das Ego ist oder sein sollte. Beide gebrauchen dieselbe Bezeichnung, verbinden damit aber verschiedene Entwicklungsstufen, entweder das «Ich» des primären Prozesses oder einen Zustand, der von beiden, dem primären und dem sekundären Prozeß, losgelöst ist.

Ein prozeßorientiertes Paradigma betrachtet das Ego auf ganz andere Weise. Hier ist es ein Zustand oder eine Stufe in der Entwicklung des Metakommunikators, des objektiven Beobachters.

Primärprozeß, Bewußtsein und Meditation. – So leid es mir
tut, die neuen Begriffe «primärer und sekundärer Prozeß»
verwenden zu müssen, so wenig ist dies zu umgehen. Ich
ziehe den Ausdruck «primärer Prozeß» dem in der Bedeutung sehr nahestehenden «Bewußtsein» vor, weil der «primäre Prozeß» normalerweise zwanghaft ist, während «Bewußtsein» völlige Wachheit und die Möglichkeit zur
Kontrolle beinhaltet.

Beim Meditieren können wir bemerken, daß unser übliches
Verhalten unter Zwang steht; wir haben die Gedanken, die
unsere «Normalität» organisieren, nicht unter Kontrolle!
Wir tun die Dinge der Welt, als seien wir unwissentlich dazu
programmiert worden. Dieses Tun ist Maya! Der Handelnde
ist eine Traumfigur, mit der wir normalerweise identifiziert
sind. Wir möchten unser Verhalten ändern, und doch müssen
wir feststellen, daß wir immer wieder dieselben alten Dinge
wiederholen. Deshalb versuchen ja östliche Meditierende
den primären Prozeß oder das Ego, das normalerweise mit
ihm verbunden ist, zu unterdrücken. Sie möchten die Welt
anhalten und sich von dem ständigen Im-Kreis-Drehen, von
ihrem starren Ego, befreien.

Während ich zum Beispiel hier an der Küste Oregons Ferien
mache, stehe ich häufig früh auf, frühstücke und unterhalte
mich mit Barbara, selbst dann, wenn ich nicht kongruent mit
diesen Handlungen verbunden bin. So ist ein Großteil meines Essens und Sprechens primärer Prozeß, der meine Welt in
Gang hält. Mein sekundärer Prozeß hat vielleicht gar kein
Interesse am Essen oder am Sprechen. Und mein Metakommunikator ist derjenige, der dies alles beobachtet und darüber schreibt; er ist der Teil von mir, der sich mit keinem der
beiden Prozesse identifiziert, sondern über sie lacht und versucht, den primären gegenüber dem sekundären zu öffnen.
Ich kann niemandem empfehlen, zu meditieren, solange er
sich mit seinem primären Prozeß identifiziert und damit zufrieden ist und solange es keinen sekundären Prozeß gibt, der

stark genug wäre, mit ihm in Konflikt zu geraten. Solch ein Mensch ist ziemlich eins mit sich und zufrieden. Er ist glücklich, so wie er ist und hat sonst keine Bedürfnisse. Manche der bedeutendsten Menschen überwinden mit der zielstrebigen Kraft ihres primären Prozesses und der wundervollen Begabung ihrer menschlichen Natur persönliche Probleme, kämpfen sich durch Engpässe hindurch, werden zu individuellen Persönlichkeiten und lassen sich durch das Urteil ihrer Nachbarn nicht davon abhalten, sie selbst zu werden; und das alles tun sie ohne jede Anerkennung und ohne jemals meditiert zu haben. Die Notwendigkeit zu meditieren entsteht erst dann, wenn unsere primäre Identifikation, unsere alltägliche Lebensweise, nicht mehr funktioniert. Meditation entsteht spontan, wenn unser inneres Leben nicht mehr unbeweglich bleiben kann, wenn es beginnt, zu rumpeln und zu träumen, zu rebellieren und uns anzutreiben, nun aufzuwachen.

Kanäle und Meditationsrituale

Wie zuvor an einem Beispiel erläutert (s. S. 32), nehmen wir
Informationen aus der Umwelt und aus uns selbst durch
bestimmte Kanäle wahr. Wir können unsere Kanäle – die
Art und Weise der jeweiligen Wahrnehmung – dazu benutzen, bekannte Meditationsformen neu zu gestalten, ohne
deren philosophische Grundlagen zu berücksichtigen. Diese
Anwendung der Kanäle ist außerdem ein wirkungsvolles
Werkzeug im Umgang mit schwierigen Seiten der Meditation. Wir wollen zunächst die folgenden Kanäle betrachten
und die ihnen entsprechenden Meditationsweisen nennen,
auf denen sie gründen:
1. *Körpergefühl oder Propriozeption:* Hatha-Yoga, Atembe-
   obachtung im Zen, Massage, Autogenes Training, Ent-
   spannungstechniken, Biofeedback;
2. *Visualisation:* Auf einen Punkt gerichtete Betrachtung,
   Yantra-Meditation, Traumarbeit, Aktive Imagination;
3. *Hören:* Trommeln, Mantra-Wiederholungen, Gebet, Innerer Dialog;
4. *Bewegung oder Kinästhesie:* T'ai Chi, Sufi-Tanz, Authentische Bewegung;
5. *Beziehungen:* Tantra-Yoga, Taoistische Alchemie, Siddha-Yoga;
6. *Weltphänomene:* Visionssuche der amerikanischen Indianer.
Im folgenden Kapitel über die Frage, wie die Wahrnehmung
in den verschiedenen Kanälen vor sich geht (s. S. 53 ff.), will
ich kurz die unterschiedlichen Vorgehensweisen darlegen.
Auf die in der Übersicht genannten Meditationsarten selbst

kann ich hier nicht eingehen, weil dies zusätzliche weiterführende Arbeit erforderte.

Kanalbesetzung und veränderte Bewußtseinszustände

Die meisten Meditationsweisen ziehen uns an und beeinflussen unser Verhalten, weil sie unseren Bewußtseinszustand verändern. Eine solche Veränderung tritt beispielsweise dann ein, wenn wir in einem Kanal wahrnehmen, den wir nicht bewußt gebrauchen. Lassen Sie mich die Beziehung zwischen veränderten Bewußtseinszuständen und Kanälen beschreiben.

Wir benutzen ständig alle oben genannten Kanäle (und noch mehr), aber nur wenige, durch die wir uns selbst identifizieren. Die Kanäle, die wir häufig und völlig bewußt gebrauchen, sind durch unser Bewußtsein «besetzt». Wenn wir sie unabsichtlich oder zufällig benutzen, sind sie durch unser Bewußtseins «nicht besetzt», wenn sie auch möglicherweise durch unsere unbewußte Wahrnehmung benutzt sind.

Aber wir beachten sie einfach nicht. Wenn ein Kanal wie die Visualisation «besetzt» ist, werden wir ein Gefühl der Vertrautheit haben, wenn wir uns auf ihn konzentrieren. Ist ein Kanal «nicht besetzt», wird uns ein unheimliches, traumartiges oder weit entferntes Gefühl überkommen, sobald wir ihn benutzen.

Der bei den meisten von uns am wenigsten entwickelte Kanal ist das Körpergefühl oder die Propriozeption. Dieser Kanal ist normalerweise durch unsere bewußte Wahrnehmung nicht besetzt. Das bedeutet, daß wir auf unsere Körpertemperatur sowie auf Verspannungen oder Druck nicht achten. Das bewußte Hinlenken unserer Aufmerksamkeit zu einem unbesetzten Kanal erzeugt einen veränderten Bewußtseinszustand; es «hält die Welt an», denn das bewußte fühlende Wahrnehmen der Welt ist fremdartiger für uns, als sie sehend wahrzunehmen.

Propriozeption oder Körpergefühl. – Jede Übung oder Meditationsweise, bei der wir propriozeptiv wahrnehmen sollen,
zum Beispiel das Spüren der Atmung, der Muskulatur oder
des Herzschlages, führt unwillkürlich zu einem veränderten
Bewußtseinszustand. Unabhängig von unserer religiösen
oder philosophischen Einstellung hört unsere alltägliche
Weltwahrnehmung auf, sobald wir einen unbesetzten Kanal
benutzen.

Rituale wie die Zen-Meditation, bei der der Übende sich auf
die Atmung konzentriert, oder wie Hatha-Yoga, das während der Ausführung bestimmter Körperstellungen, genannt
Asanas, ein Achten auf die Grenzen der Muskelkraft erfor-
dert, geben uns Zugang zu propriozeptiven Erfahrungen
und eine Ruhepause von unserer alltäglichen Welt (Suzuki
1970; Iyengar 1968).

Autogenes Training programmiert unsere Wahrnehmung auf
die Propriozeption, indem auf Spannung und Temperatur in
verschiedenen Körperbereichen geachtet wird. Dies entspannt die Muskulatur und lenkt den Schwerpunkt unserer
Aufmerksamkeit von den Hauptkanälen ab, um die Erfahrung eines bislang unbekannten Neulands zuzulassen
(Schultz und Luthe 1955).

Auch Massage führt über eine zunehmende Wahrnehmung
von Körperteilen, die wir normalerweise nicht berühren
können, zu Propriozeption. Veränderte Bewußtseinszustände durch Massage werden dadurch hervorgerufen, daß der
Massierte aus seinen normalen Kanälen durch Berührung,
Muskeldehnung und -entspannung in die Propriozeption
hinüberwechselt.

Visualisation. – Übungen, durch die das Sehen auf geome-
trische Muster, wie Yantras oder Mandalas (s. Abb. 1)
gelenkt wird, führen zu innerem Frieden und Zentriertheit,
weil wir dadurch auf harmonische Strukturen programmiert
werden und die Augen nicht mehr allem folgen, was gerade

auftaucht (Khanna 1979). Veränderte Bewußtseinszustände entstehen nicht durch Wechseln von Kanälen, sondern durch Blockieren eines Hauptkanals, in den dann neue Information eingegeben wird.

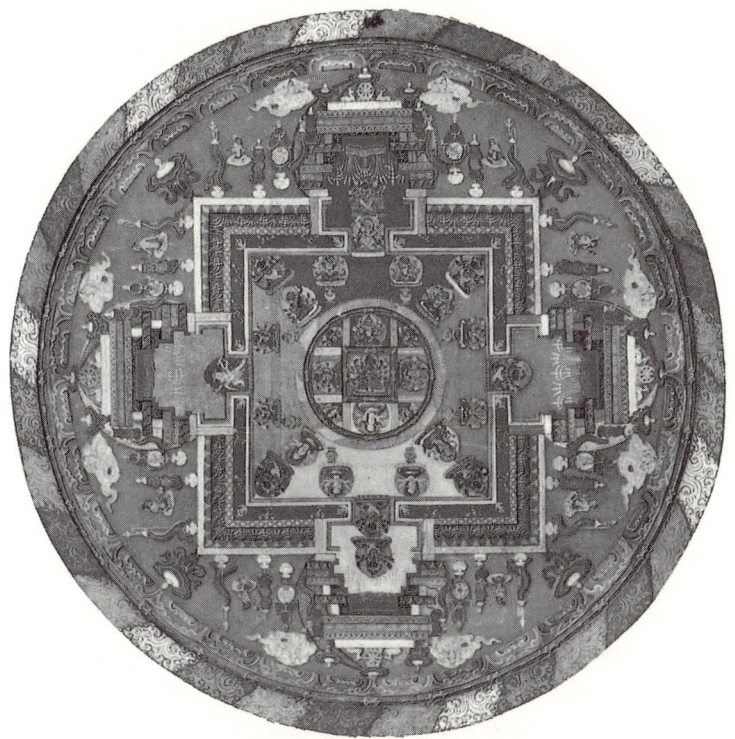

Abb. 1: Ein tibetanisches Mandala als visuelle Meditation

Auch Visualisieren kann einen veränderten Bewußtseinszustand hervorrufen, wenn der propriozeptive Kanal beispielsweise durch Schmerzen besetzt war. Wenn jemand sehr starke Schmerzen hat, kann er die Konzentration auf eine Kerze oder einen Lichtstrahl als wirkungsvolle Methode der Schmerzlinderung empfinden. Die Schmerzursache ist zwar nicht beseitigt, aber die bewußte Wahrnehmung ist von der Propriozeption zum Sehen hinübergewechselt. Ist Ihnen schon einmal aufgefallen, daß Sie zum Beispiel beim Zahnarzt die Schmerzen in Ihrem Mund durch Zusammenkneifen der Finger oder durch Starren auf einen bestimmten Punkt der Zimmerdecke blockieren? Dies ist ein unbewußter Versuch, den Kanal zu wechseln und das Objekt Ihrer Körperwahrnehmung zu ändern.

Die Beliebtheit vieler Meditationsrituale hat teilweise mit der Sehnsucht der Menschen nach bewußtseinsbeeinflussenden Drogen, Fernsehen und Kontakt mit Menschen zu tun. Die Menschen haben unbewußt das Bedürfnis, Kanäle zu wechseln, aus dem primären Prozeß auszubrechen, sich von Schmerzen zu befreien und das Leben zu transformieren. Methoden zum Wechseln der Kanäle, die später dargelegt werden sollen, werden dem Leser helfen, mit Schmerzen so umzugehen, daß er sie verwandeln kann, ohne sie beseitigen zu müssen.

Rituale des Hörens. – Trommeln, laute Musik oder sogar Fernsehwerbung können unseren Hörkanal ausfüllen und damit den normalen inneren Dialog blockieren, so daß ein veränderter Bewußtseinszustand herbeigeführt wird (Wosien 1972 u. Abb. 2). Das Rezitieren von Mantras, das Wiederholen bestimmter Gebete, Singen oder Summen haben die gleiche Wirkung (ibid.). Signale des Hörens führen auf zwei verschiedene Weisen zu Trancezuständen. Entweder löschen sie den gewöhnlichen inneren Dialog aus, oder sie lenken die Konzentration auf die Propriozeption. Denn Rhythmus und Musik können auch im Körper gefühlt, nicht nur gehört werden. Wir wissen alle, daß wir Singen über Vibrationen in unserer Kehle, im Kopf, der Lunge und im Rücken spüren können.

Abb. 2: Trommeln als Hörmeditation

Vor einiger Zeit traf ich einen Schamanen, dessen hauptsächliche Heilmethode darin bestand, den Leidenden zu beißen oder leicht zu schlagen und dabei dessen Propriozeption zu amplifizieren, bis der sein eigenes Lied gefunden hatte. Die Wechselwirkung von Propriozeption und Musik geschah hier durch intensive Schmerzempfindung, die in ein Lied umgewandelt wurde. So wird verständlich, daß ein Kanalwechsel und das Finden des eigenen Liedes, selbst im größten Durcheinander, zur Veränderung der ursprünglichen Verfassung führen kann.

Aktive Imagination. – Jungs Konzept der Aktiven Imagination ist ein wirkungsvolles Ritual des Sehens und Hörens. Man hört und sieht das Bild eines Traumes oder einer Phantasiefigur[6]. Im Gegensatz zu den meisten Meditationswei-

sen, die mehr auf passive Erfahrung ausgerichtet sind, empfahl Jung die «aktive» Teilnahme, so daß der Student mit
seinen Wahrnehmungen Kontakt aufnehmen und sich sogar
mit ihnen auseinandersetzen konnte. Diese «Auseinandersetzung mit dem Unbewußten», wie Jung es nannte, verändert nicht nur den Betrachter, sondern auch das bearbeitete
Material. Obwohl die Aktive Imagination normalerweise die
Form eines inneren Dialoges annimmt, kann der Student die
Traumerfahrungen auch malen (s. Abb. 3 und 4, die die Arbeit eines Klienten von Jung zeigen).

Kinästhesie oder Bewegung. – Prozeßorientierte Meditation
erweitert die Aktive Imagination und kann dann angewandt
werden, wenn der Sehkanal wechselt. Wenn wir eine Traumfigur sehen und dann unbewußt anfangen, uns zu bewegen,
scheint unser Bild verschwunden zu sein. Tatsächlich hat unser Prozeß lediglich den Kanal gewechselt. Die Information,
die zuerst in Form einer Vision erschienen ist, taucht jetzt in
einer Bewegung auf und führt den Prozeß in diesem Kanal
weiter. Jungianer übertrugen die Aktive Imagination in den
Bewegungsbereich und nannten diese Vorgehensweise «Authentische Bewegung» (Whitehouse 1979).
Wie die Propriozeption ist auch die Kinästhesie oder Bewegung ein wenig entwickelter Kanal für die meisten von uns.
Bewegung und Tanzrituale sind jedoch für nicht-industriali-
sierte Gemeinschaften außerordentlich wichtig (Wosien
1972). Jeder nimmt den veränderten Bewußtseinszustand
wahr, der eintritt, wenn man sich zu Musik bewegt. Das
alltägliche Leben scheint aufzuhören, wenn man sich zu
einem gefühlvollen Lied hin- und herwiegt.
Einige bekannte Bewegungsmeditationen, wie die des meditativen Gehens (bei Vipassana achtet man auf die Bewegungen der Füße), scheinen ein Ausgleich für ausgedehnte
Meditation im Sitzen zu sein. Anders ist es bei T'ai Chi: Für
die Bewegungen ist hier ein bestimmtes Bewegungsmuster,

Abb. 3: Aktive Imagination von C. G. Jung aus dem «Roten Buch»

Abb. 4: Patientenbild

das kosmische Tao, vorgeschrieben. Auch das Drehen und
Wirbeln der Derwische hat die Verwandlung des Alltagsbe-
wußtseins zum Ziel, wodurch das Individuum das Göttliche
erfahren kann.

Beziehungen. – Auch der Beziehungskanal ist ein Wahrneh-
mungskanal, weil wir uns selbst oft nur über andere erfahren. Obwohl Körperkontakt, Sehen und Sprechen ganz
eindeutig eine wichtige Rolle spielen, kann die Beziehung als
solche nicht auf Propriozeption, Sehen, Bewegung oder au-
ditorische Phänomene eingeschränkt werden, weil zwischen-
menschliche Verbindungen sehr viel mehr umfassen als nur
die Summe ihrer wesentlichen Teile.

46

Beziehungen, ähnlich wie Kinästhesie oder Propriozeption, werden normalerweise als etwas erlebt, das mit uns geschieht, und nicht als etwas, das wir aktiv und bewußt tun. Die Beziehungsmeditationen, die mir bekannt sind, können in zwei Gruppen eingeteilt werden: die Meditationen über Körperkontakt und die Meditationen der Übertragung, in die ein Lehrer oder Guru einbezogen ist.

Die Tatsache, daß veränderte Bewußtseinszustände oder religiöse Erfahrungen während einer sexuellen Vereinigung auftreten, ist die Grundlage für bestimmte tantrische Yoga-Rituale, in denen die Partner sich selbst als Shiva oder Shakti erleben (Rawson 1973). Allerdings wurde die Bedeutung sexuellen Kontaktes in diesen Ritualen von westlichen Studenten überbetont. Gleichwohl gibt es im Tantra eine Vorstellung, die besagt, daß körperliche Liebe und Yoga miteinander verbunden werden können, damit jeder der Partner die Ganzheit erfährt. Der Yogi und seine Partnerin gehen durch veränderte Bewußtseinszustände, indem sie die Körperwahrnehmung intensivieren und das Gefühl für die Beziehung vertiefen.

Der taoistische Yoga, oder die taoistische Alchemie, ist ein Ritual, in dem die Partner während der sexuellen Vereinigung versuchen, die Yin- oder die Yang-Essenz, den weiblichen oder den männlichen Anteil, gegenseitig in sich zu integrieren (Yu 1972). Diese Praxis hat manches mit dem Tantra gemeinsam. Beide Rituale sind körperliche Beziehungserfahrungen dessen, was die westliche Psychologie als Integration der gegengeschlechtlichen Wesensmerkmale bezeichnet. Die Integration eines jeden Inhalts oder Prozesses verändert das Bewußtsein durch Hervorbringen neuer Aspekte der Persönlichkeit. Tantra oder die taoistische Alchemie bringen den fehlenden weiblichen oder männlichen Gegensatz in den einseitigen primären Prozeß hinein.

Siddha Yogis, wie Muktananda, empfehlen eine bestimmte Beziehungsmeditation, wobei der Meditierende den Lehrer verehrt (Muktananda 1974). Auch diese Beziehungsmeditation führt zu einer Integration, weil die Lebenserfahrung des Meditierenden erweitert wird durch Aneignung von Eigenschaften, die auf den Lehrer übertragen worden sind. Veränderung des Bewußtseins geschieht hier durch den Wechsel der Identität. Zuvor hatte man sich als ganz gewöhnlichen Menschen erlebt, und dann, in der Meditation, opfert man sich selbst, um eine machtvolle sekundäre Figur, um göttlich zu werden.

Der Weltkanal. – Für den amerikanischen Indianer ist die Welt ein Informationskanal, so wie dies für andere Menschen Träume oder Körpererfahrungen sind. Mutter Erde ist für den Indianer ein Kanal und eine Quelle der Weisheit. Die Visionssuche (vision quest) ist die wichtigste religiöse Zeremonie der nordamerikanischen Indianer; es ist die Suche nach Unterstützung und Führung durch eine höhere Macht, die Erde. Der Einweihungsanwärter der Indianer kann unter anderem fasten, still sitzen, meditieren oder seine Probleme mit dem Schamanen des Stammes durchsprechen. In seine Meditation ist jedoch unausweichlich eine Visionssuche eingeschlossen, bei der er hinausgeht in die Natur, um die in seinem Leben fehlende Weisheit und Erkenntnis zu finden. Er lauscht den Bäumen, wartet auf einen Traum, gibt acht auf Halluzinationen oder andere ungewöhnliche Erfahrungen. Danach kommt er zum Schamanen zurück und bespricht alles mit ihm, was er erlebt hat[7].

Meditation: Prozeß und Technik

Zu den oben erwähnten Meditationsformen gehören unter anderem die folgenden Verfahren:
1. *Zählen:* das Zählen der Atemzüge bei geschlossenen Augen;

2. *Gehen:* Meditieren der Erfahrung beim Gehen;
3. *Losgelöste Betrachtung:* Betrachten aufsteigender Phantasien, ohne sich hineinzubegeben;
4. *Askese:* Einschränkung von Essen und Schlafen;
5. *Einpunktigkeit:* das Ausgerichtetsein auf einen Punkt, etwa eine Kerze;
6. *Mantra:* Rezitieren oder Wiederholen eines Mantras oder einer Gebetsformel;
7. *Yoga:* Übungen des Hatha-Yoga und Spüren des Körpers;
8. *Gebet:* Hinwendung zu einer philosophischen Lebensweisheit, etwa: «Sei im Hier und Jetzt», «Sei ein liebevoller Mensch», «Achte auf das, was du vermeidest», «Sieh in allem das Göttliche»;
9. *Beziehung:* Konzentration auf einen Menschen, den man liebt, oder einen Lehrer;
10. *Visionssuche:* die Natur um Unterstützung bitten.

Kanalwechsel und Störungen. ⊤ Das Blockieren oder Wechseln des Kanals, die Nichtbeachtung oder Abwertung primärer Prozesse und andere Wege, um veränderte Bewußtseinszustände hervorzurufen oder die «Welt anzuhalten», geschehen ganz natürlich bei jedem und müssen nicht bewußt programmiert werden. Indem die Menschen lernen, ihrem Prozeß zu folgen, werden sie auch fähig werden, diese Techniken in sich zu entdecken, selbst wenn sie niemals etwas darüber gelesen oder sich damit beschäftigt haben.
Im letzten Kapitel haben wir Meditation definiert als das Aufgreifen von Information, die in spezifischen Kanälen erscheint. Viele Menschen können mit ganz bestimmten Programmen gut meditieren, weil sie geübt sind, in den spezifischen Kanälen dieser Programme zu bleiben. Sie haben keinerlei Meditationsprobleme, solange ihr Prozeß in diesem bestimmten Kanal bleibt. Diese Tendenz, Bewußtsein und Vertrautheit nur in ganz bestimmten Kanälen zu entwickeln

und andere gar nicht zu beachten, ist die Basis fast aller Meditationsrituale. Das Bleiben in einem Kanal gibt einem das Gefühl, auf vertrautem Boden zu stehen und zuverlässiges Werkzeug für die Arbeit zur Verfügung zu haben.

Ein Nachteil dieses Verharrens in einem Kanal besteht allerdings darin, daß hierdurch «Löcher» im Bewußtsein verbleiben und unbesetzte Kanäle entstehen, Bereiche, in denen die Meditation sich verirren kann. Dies könnte nicht geschehen, wenn wir verstehen würden, daß *Meditation ein Prozeß ist, der alle die verschiedenartigen Techniken so einbezieht, wie sie im Individuum im Lauf der Zeit von selbst erscheinen.*

Wenn wir mit einem bestimmten Kanal oder Programm meditieren, erleben wir *Störungen* als Abweichungen vom Weg. Wir werden jedoch bald entdecken, daß die meisten Störungen Kanalwechsel sind. Meine Empfehlung für alle, die sich durch Störungen irritieren lassen, ist, ihr Bewußtsein für nichtgebrauchte Kanäle zu erhöhen. So würde etwa die Beziehungsmeditation vertieft, indem man sich den Lehrer nicht nur vorstellt, sondern sich auch so fühlt, sich so bewegt und so anhört wie er. Oder Hatha-Yoga-Übende könnten ihre Yoga-Asanas vollständiger und kongruenter ausführen, wenn sie ermutigt würden, teilweise ihren eigenen Körperbewegungen zu folgen und nicht an einem starren Programm festzuhalten. Oder: Könnte man während einer Massage feststellen, wann der Prozeß in den Seh- oder in den Beziehungskanal wechselt, würde dies zu bereichernden Erfahrungen führen, selbst wenn der Therapeut gar nicht so sehr an der Vision oder dem Beziehungsproblem interessiert sein sollte. Auch in der Tanztherapie könnte Körperarbeit mit Symptomen oder Träumen nützlich sein.

Der Yoga lehrt den Yoga. – In seinen «Yoga Sutras» sagt Patanjali, einer der frühesten indischen Schriftsteller, der über Yoga geschrieben hat, daß die Meditation ihr eigener Lehrer sei. «Der Yoga lehrt den Yoga», erklärte er (Patanjali

1953). Ich glaube, er meinte damit, daß Yoga, oder jede andere Meditationstechnik, sich selbst weiterentwickelt, wenn man erst einmal seine Grundlagen erlernt hat. Hat man eine bestimmte Vorgehensweise gelernt, so erzeugt die Disziplin der Meditation selbst ein erhöhtes Bewußtsein. Am Anfang ist es jedoch hilfreich, einen Lehrer zu haben, damit wir wichtige Aspekte unseres Bewußtseins nicht ausfiltern. Aber nach einer gewissen Zeit wird unser eigenes Leben unser Lehrer sein.

Wenn wir unserem inneren Prozeß folgen, wird es zu gegebenen Zeiten wichtig sein, ein Mandala zu visualisieren, auf dem Boden zu trommeln, für Gott zu tanzen, den Atem zu zählen, sich auf jemanden zu konzentrieren, den Wald nach einer Antwort zu durchsuchen oder unseren Partner zu lieben. Unser individueller Prozeß kann uns jedes bekannte Ritual beibringen, er kann uns aber auch in die Tiefen unbekannter Erfahrungen tauchen, die bisher noch von keinem Meditationshistoriker aufgezeichnet worden sind.

Stufen der bewußten
Wahrnehmung

Wahrnehmung der Kanäle

*Dieses Kapitel wurde in einem veränderten Bewußtseinszu-
stand geschrieben, während langer Meditationsperioden in den
Schweizer Alpen und an der Küste Oregons.*
*Inzwischen, in einem alltäglicheren Bewußtseinszustand, habe
ich mich entschlossen, die Arbeit weitgehend so zu belassen,
wie sie mir zugefallen ist. Ich will versuchen, gleichzeitig zu
erklären und prozeßorientiert zu meditieren.*
*Wenn ich diese Arbeit heute lese, habe ich zwiespältige Emp-
findungen. Der Mangel an linearem Denken und die Offenheit
im Hinblick auf meine Beziehung zu Barbara, meiner Partnerin in jenen Jahren, machen mich ein wenig scheu. Und doch ist
diese Art der Darstellung die einzig mögliche, um die Techniken prozeßorientierter Meditation aufzuzeigen.*

Hier sitze ich und meditiere in einer Alphütte in der Schweiz,
im Maiensäß, 1600 m über dem Meer, 10 m unterhalb der
Schneefallgrenze. Die Hütte, die 1779 gebaut worden ist,
schaut auf einen Wald am Fuße einer Alm, die in einen Glet-
scher aufsteigt. Der Berg ist nur hin und wieder sichtbar,
wenn sich der Nebel um den Gipfel lichtet und seine zackige
weiße Gegenwart enthüllt.
Ich höre das Läuten der Kuhglocken. Kühe auf einer Alp, es
ist ihre Ferienzeit, ihre Stunde zu läuten, ihre Zeit, das som-
merliche Gras zu fressen. Ich sitze in Zenhaltung auf der
Erde vor dem alten Stall gegenüber meiner Hütte. In dieser
Haltung schreibe ich am liebsten. Es nieselt ganz leicht und
ich bin in Regenkleidung, in einen Plastikumhang gehüllt,
und fühle mich sehr, sehr schwer.

Es ist später Nachmittag, und mein Schreiben ist Teil einer Meditation. Der Nebel treibt über das graue, unebene Hüttendach. Ich denke an «Der Leib und die Träume», ein Buch für eine breitere Leserschaft, das ich gerade abgeschlossen habe. So einfach und klar wie dort möchte ich auch hier sein. Psychotherapie, wie ich sie verstehe, bedarf eines erfahrenen Therapeuten, der Ihnen für Ihr Leben dadurch weiterhilft, daß Sie sich mehr oder weniger auf seine Wahrnehmung psychischer Prozesse, die Sie selbst kaum wahrzunehmen fähig sind, verlassen können. In der Therapie lassen Sie los und ein anderer sieht, hört und hilft Ihnen, sich selbst zu spüren. In der prozeßorientierten Meditation lernen Sie, ein geübter Beobachter zu werden, und Sie werden fähig, mit Ihren persönlichen Gefühlen, Visionen, Stimmen, Beziehungen, Bewegungen und Körperproblemen umzugehen.

Der inneren Körperarbeit liegt die Idee zugrunde, daß alle unsere Erfahrungen bereits ihre eigenen Entwicklungen und ihre Lösungen in sich tragen. Das Material unserer Visionen, Stimmen und Körperschmerzen ist keine Illusion, sondern ein Eilzug zu uns selbst.

Jetzt bin ich in der Hütte und esse sehr langsam eine Banane. Ich kann es mir nicht länger leisten, ohne Wahrnehmung zu essen. Wie viele Bananen sind schon durch mich hindurchgegangen, mit Wirkungen, die ich nie bemerkt habe? Mein Bauch ... ich höre das Feuer im Keramikofen knistern. Vor meinem inneren Auge sehe ich das alte Seminarhaus in Les Diablerets und denke an den Beginn meiner Meditationsstudien, oder daran, wie meine Meditation jetzt beginnt.

Leiden und Bewußtsein

Die großen Weltreligionen Buddhismus und Christentum sagen, daß Bewußtwerden mit Schmerzen beginnt. Das Christentum sagt, daß wir leiden, weil wir unseren Trieben folgen.

Der Buddhismus sagt, das Leben sei Leiden und Schmerz. Obwohl heute viele Menschen ohne bestimmten Grund eine Psychotherapie beginnen, gibt es keinen Weg, der Tatsache des Schmerzes auszuweichen. Wachstum und Einsicht beginnen meistens mit Unzufriedenheit, Unglücklichsein und Schmerz. Man könnte denken, daß Schmerz allein ein ausreichender Grund zur Veränderung sei.

Früher setzte ich einfach voraus, daß die Menschen sich schon ändern würden, wenn es erforderlich sei. Aber nach vielen Jahren therapeutischer Arbeit machte ich eine beunruhigende Entdeckung, die mein Vertrauen in die Menschen erschütterte. Ich entdeckte, daß Schmerz nicht ausreicht, um die Menschen zur Wandlung zu bewegen; allein sein Vorhandensein oder seine Abwesenheit ist nicht genug, um die Menschen zu ändern. Da ist etwas anderes, ein seltsames, nicht vorhersagbares Element, das erforderlich ist, bevor die Menschen ihre Probleme bearbeiten und ihr Leben ändern können. Dieses Element ist eine Mischung aus Disziplin, Liebe und Erleuchtung.

Das Element des Kriegers

Eine kriegerische Disziplin ist hilfreich bei der Arbeit an sich selbst und beim Durchlaufen schwieriger Bereiche. Disziplin ist etwas ganz Subtiles, das sich nicht allein durch Interesse entwickeln läßt. Disziplin ist ein innerer Drang, der vorwärts treibt.

Die Disziplin des Kriegers ist verbunden mit Verwunderung und Liebe. Sie beginnt mit Staunen und Neugier. Wenn Sie etwas fesselt und Sie es gern haben, werden Sie die nötige Disziplin aufbringen, es zu erforschen und seine Beschaffenheit zu entdecken. Wenn die Natur des Menschen Sie nicht interessiert, werden Sie immer Gründe finden, der Entdeckung Ihrer eigenen Natur und der anderer auszuweichen.

Für manche ist Disziplin eine Erinnerung an die strenge Kontrolle der Eltern. Für diese Menschen ist Selbstdisziplin eine lästige Pflicht, die sie lieber vermeiden; sie klagen, daß Erschöpfung oder Zeitmangel sie davon abhalten, sich selbst zu disziplinieren. Erzwungene Disziplin oder das Ankämpfen gegen Erschöpfung sind jedoch nicht das, was ich hier meine. Wenn Ihr Prozeß Sie innerlich ergreift, werden Sie das Bewußtseinskontinuum wahrnehmen, den Prozeß, der das Sein organisiert. Der Prozeß selbst mit seiner Macht wird Sie faszinieren, und diese Spannung erzeugt Disziplin.

Viele Menschen üben Disziplin, weil sie das Universum lieben. Sie haben einen so erstaunlichen Anfängergeist, daß sie fähig sind, zu meditieren, ohne sich dessen bewußt zu sein. Sie konzentrieren sich auf Menschen und Dinge um sich herum. Vertrauen und Staunen leiten sie unauffällig an, die Dinge zu tun, zu denen eigentlich nur hochdisziplinierte Menschen fähig sind. Wenn man sie fragt, wie sie solche einsichtsvollen und mächtigen Entscheidungen treffen konnten, so kann es sein, daß sie es gar nicht wissen oder vielleicht antworten, wie das jemand tat: «Mein Herz wußte es einfach.»

Disziplin, Staunen, Liebe und Erleuchtung gehören alle zur Meditationskunst des Kriegers.

Ein Traum

In diesem Moment fühle ich mich wohl. Ich fühle mich entspannt, glücklich. Ich höre einen Gebirgsbach in der Nähe, und Autos auf einer entfernten Straße. Ich sehe einen Traum, den ich letzte Nacht hatte, in dem jemand ein Ziel erreichen wollte, aber entdeckte, daß er bereits angekommen war. Heute ist das Schreiben ein Experiment. Ich weiß nicht, was sich da äußern will. Ich warte und meditiere, und das Ergebnis lesen Sie jetzt.

Ich sitze auf meinen Fersen und schreibe auf einem Block, der auf einem kniehohen Baumstumpf liegt. Zu meiner Rechten entdecke ich plötzlich eine Frau und zwei kleine Kinder, die sich meiner abgeschiedenen Hütte nähern. Ich höre, wie die Kinder lustige Geräusche machen. Und ich merke, wie ich mich innerlich verkrampfe, indem ich Nacken und Schultern anspanne, um ihnen begegnen zu können. «Immer soll alles nur nach deinem Plan gehen, keine Besucher», sagt eine innere Stimme. War dies die Stimme, die Information, die aus meinen angespannten Muskeln sprach? Ich erkannte, daß mein Schreiben das Ziel war, das ich mir gesetzt hatte und das ich erfüllen wollte, und alles andere war eine Störung. Ein altes Problem. Meine Muskeln entspannen sich.

Nun schaue ich wieder nach rechts. Was? Die Drei müßten inzwischen die Hütte erreicht haben, aber nein, sie sind verschwunden. Ich nehme wahr, daß ich aufstehe und mein Schreiben verlasse. Mein Körper tut das ganz von allein. Warum? Was hat dies mit meinem Traum zu tun? Diese Frage läßt mich ein «Aha!» erleben. Mein heutiges Ziel ist erreicht. Die Person in meinem Traum, die ein Ziel hatte, das bereits erreicht war, war ich selbst. Sobald ich das, was geschieht, aufnehmen und verarbeiten kann, bin ich am Ziel, am Ende. Verstehen Sie was ich meine? Also dann, bis morgen.

Der erste Schritt: das Herausfinden des Kanals

Heute bin ich in den Bergen gelaufen und habe mich verirrt. Ich rannte zu weit auf einer Bergseite bis über den Gipfel, folgte dem Wind um die Rückseite herum und hinunter, wo ich einen Bergsee entdeckte. Als ich umkehren wollte, kam ich auf den falschen Pfad. Wie sollte ich zurückkommen? Indem ich meine ganze Kraft zur Überwindung der Berghöhe eingesetzt hatte, war ich gerade eine Spur über meine körperlichen Möglichkeiten, meine kinästhetische Grenze, hinausgegangen. In diesem Moment sah ich ein Bild. Ich sah mich selbst allein und unfähig, weiterzugehen. Plötzlich, in dieser Vision, entdeckte ich das, was Don Juan die «persönliche Kraft» nennt, eine physische Kraft die einen Menschen über seine normale Körperkraft, hinausträgt[8]. Ich fing von neuem an zu rennen und fand unerwarteterweise meinen Weg zurück.

Ich erfahre Meditation als einen Prozeß, der in vielen Kanälen ständig in Tätigkeit ist, sobald man die grundlegenden Schritte beherrscht. So werde ich nun die erste Stufe der Methode beschreiben – das Herausfinden des Kanals.

Halten Sie einen Moment inne mit dem, was Sie gerade tun, und schließen Sie Ihre Augen. Setzen Sie sich ganz ruhig hin und stellen Sie sich diese eine Frage: *«In welchem Kanal befinde ich mich?»* *Fühlen* Sie propriozeptiv etwas in Ihrem Körper? *Sehen* Sie etwas mit Ihren inneren oder äußeren Augen? *Hören* Sie irgendetwas?

Die Frage nach dem Kanal ist die Grundlage für die Meditation. Wenn Sie wissen, in welchem Kanal Sie wahrnehmen, müssen Sie Ihre Meditation nicht programmieren, sondern können das Programm herausfinden, das sich heute ereignen will. Sie sind bereits an Ihrem Ziel. Wenn Sie wissen, *wie* Sie etwas wahrnehmen, können Sie mit Ihrem Prozeß arbeiten. Sie können der Entfaltung von Körper, Geist, Beziehungen und Träumen folgen. Wenn Sie nicht wissen, wie Sie wahrnehmen, werden Ihre Wahrnehmungen automatisch genau so ablaufen wie Träume.

So macht Ihnen die Frage nach den Kanälen Ihre Wahrnehmungen bewußt. Immer wenn Sie sich fragen, in welchem Kanal Sie gerade sind, fangen Sie bereits an, zu meditieren. Wenn sie sich bei Ihrer Arbeit nicht mehr zurechtfinden, fragen Sie sich einfach: «In welchem Kanal befinde ich mich jetzt?»

Gerade jetzt wird der Brennpunkt meiner Aufmerksamkeit

(visuell) absorbiert, da ich Barbara kommen sehe, die sich neben mich setzt. Wie schön, sie zu sehen. Ich nehme (propriozeptiv) wahr, daß mein Körper sich anspannt – er möchte schreiben. Ich höre (auditiv), wie eine Stimme zu meinem Körper sagt: «Nimm' sie herein und stell' dir vor, sie sei der Leser. Sprich mit deinem Leser. Halte sie nicht aus der Arbeit heraus.» Ich spüre, wie sich mein Körper entspannt. Wie angenehm!

Sie werden bemerken, daß ich viele verschiedene Kanäle benutze. Ich spreche von Rennen, von Spazierengehen, von Essen, Nach-Draußen-Gehen, von Körpergefühl, Hören von Stimmen und von Beziehungen. Jeder dieser Kanäle ist ein anderer Aspekt derselben Botschaft, die sich auf verschiedene Weise manifestiert. Sie alle sind Teile desselben Prozesses in Konflikt und Übereinstimmung mit sich selbst. Der Grund, weshalb ich Ihnen vorschlage, Ihre Meditation mit nur drei Kanälen zu beginnen – Sehen, Hören und Fühlen – ist der, daß dies die am häufigsten gebrauchten und die vertrautesten introvertierten Kanäle sind. Aber Halt – jetzt gerade kann ich meine Besprechung nicht weiterführen. Warten Sie einen Moment. Gerade hörte ich ein Holzscheit zu meiner Rechten herunterfallen. Ein Stück von einem schön gestapelten Holzstoß ist heruntergefallen. Ich horchte, bekam einen Schrecken, fühlte meinen Körper und stellte mir vor, daß ein Baumgeist gekommen sei. Er sagte: «Ja, ich bin hier, ich bin ein Bauer bei der Arbeit. Ich bin meine Arbeit. Sie ist einfach und klar. Glaube an sie.»

Wenn ich meiner Arbeit doch nur mehr vertrauen würde! Auch möchte ich etwas Einfaches vorschlagen: daß mein Leser dem inneren Prozeß vertrauen und ihm folgen möge. Sie müssen keinem Menschen trauen, nicht einmal mir. Bis heute habe ich noch keinen Guru oder weisen, erleuchteten, ausgebildeten, schamanistischen, medialen Menschen getroffen, der eine solche Intelligenz hat wie der Prozeß, der sich in den Kanälen Ihrer eigenen Wahrnehmung entfaltet.

Alchemie

Gottseidank hat Jung die Alchemisten ausgegraben! Sie hätten die prozeßorientierte Meditation sehr geschätzt. Denn genau so haben sie gearbeitet. Sie arbeiteten mit dem Unbekannten, das sie *scientia* nannten, was Wissenschaft, Kenntnisse oder Information bedeutet. Sie arbeiteten mit ihrer *scientia*, indem sie über das ihnen Unbekannte meditierten. Dieses Unbekannte nannten sie die *prima materia*, die Grundsubstanz, die durch Kochen in Gold verwandelt wurde. Sie erschlossen das Unbekannte, hatten aber für ihre Arbeit keine sehr guten Gefäße. Sie dachten, die *prima materia* sei chemische Materie und nicht ein Prozeß oder eine Information, die in ihren eigenen Wahrnehmungskanälen zu finden ist. Was wird man in der Zukunft über unsere gegenwärtigen begrenzten Gefäße denken?

Sitzen Sie ruhig und schließen Sie ihre Augen

Zu Beginn versuchen Sie, Ihre Augen zu schließen und still zu sitzen, wenn Sie sich fragen, in welchem Kanal Sie sich befinden. Schließen Sie extravertiertes Sehen und Bewegung aus. Benutzen Sie drei Kanäle: inneres Sehen, Hören und Körpergefühl. Tun Sie dies nun für ein paar Minuten, so gut es geht. Sie sollten Ihren äußeren visuellen Kanal nicht benutzen, weil Sehen, wie auch Bewegung, sich zu unwillkürlich ereignen. Ihre Augen und Ihre Glieder bewegen sich unbewußt, ohne Konzentration. Sie huschen blitzschnell von einem Objekt zum anderen, und Sie merken gar nicht, daß Sie etwas betrachten. Ihre Augen machen rasche Bewegungen, tagsüber wie nachts, ständig träumend. Sie sind von Dingen fasziniert, die Sie integrieren müssen. Sie starren Gegenstände und Menschen an, die Sie nicht mögen, weil Sie mehr Kontakt mit ihnen in sich selbst brauchen.

Ihr Körper bewegt sich ununterbrochen und unbewußt, um Unbehagen zu vermeiden. Wenn Sie Ihre Augen schließen und die Bewegung anhalten, werden Sie sich Ihres Denkens, Hörens und Sehens bewußt. Sie werden gezwungen, die Ursache Ihres Unbehagens und Ihrer Freude, das Wesen Ihrer Körperwahrnehmung herauszufinden. Ihre Bewegungen reagieren sofort auf Schmerzen, und wenn Sie sie nicht hemmen, werden Sie vielleicht nie erfahren können, womit sich Ihr biologisches Leben auseinandersetzt. Sie werden auch die Möglichkeit versäumen, die heilende Funktion in sich selbst zu integrieren, nämlich die Neigung Ihres Körpers, sich von Schmerzen zu entfernen.

Wenn Sie nach fünfzehn Minuten Ihre Augen öffnen, werden Ihre Bewegungen und Ihr Sehen verlangsamt sein, und Sie werden sie jetzt genauer untersuchen können. Später werde ich diese und andere Kanäle mit Ihnen erarbeiten, aber zunächst möchte ich mehr über die Arbeit mit Visualisieren, Hören und Körpergefühl sprechen.

Amplifikation

Denken Sie an einen Alchemisten, der die *prima materia*, seinen Prozeß, nimmt und ihn kocht. In Prozeßbegriffen ausgedrückt bedeutet das Anheizen des Feuers unter dem Topf die Amplifikation oder Verstärkung eines Signals in dem Kanal, in dem es erscheint. Wenn Ihnen klar ist, in welchem Kanal Sie wahrnehmen, ist der nächste Schritt das Amplifizieren Ihrer Wahrnehmung. Einen Prozeß zu amplifizieren heißt, ihn festzuhalten und ihm die Entfaltung in der ihm gemäßen Geschwindigkeit zu erlauben. Der Grundgedanke ist, den Prozeß bei seiner Entfaltung zu unterstützen und zu verstärken, damit er seine verborgene Botschaft mitteilen kann.

Arbeit mit der Visualisation

Also, wenn Sie sehen, schauen Sie noch intensiver. Sehen Sie Ihre inneren Visionen klarer, genauer, achten Sie auf die Farben, beobachten Sie bestimmte Figuren, untersuchen Sie deren Besonderheiten und sehen Sie alle Bewegungen. Gehen Sie so an Ihre Visionen heran, als wollten Sie sie unterstützen. Träumen Sie Ihre Visionen zu Ende. Trainieren Sie sich selbst beim Visualisieren. Sagen Sie: «Ja, träum' weiter, wunderbar, und was geschieht jetzt, und sieh dir das an, usw.»
Sie begannen die Arbeit mit geschlossenen Augen. Wenn Sie jetzt Ihre Augen öffnen, achten Sie sorgfältig auf alles, was geschieht. Wie öffnen sich die Augen? Sehen Sie Menschen,

Pflanzen, Berge, sind Sie in einem Raum? Schauen Sie sich um in dem Raum. Achten Sie darauf, was Sie anschauen. Jetzt benutzen Sie Ihr extravertiertes Sehen. Die meisten Menschen sind blind, indem sie gar nicht wahrnehmen, was sie sehen. Fragen Sie sich, warum sich Ihr Blick an eine bestimmte Person oder an einen besonderen Gegenstand heftet.

Beachten Sie, was geschieht, wenn Sie etwas nicht gut sehen können. Wie wirkt diese Verschwommenheit auf Sie, was bedeutet sie für Sie? Statt das Objekt Ihrer Aufmerksamkeit zu verändern, indem Sie sich ihm nähern oder weiter weg gehen, sollten Sie bei Ihrer Kurz- oder Weitsichtigkeit ausharren. Wenn Sie dieses Phänomen lange genug aushalten, könnten Sie erkennen, daß Ihre Unfähigkeit, scharf zu sehen, vielleicht mit Ihrem Bedürfnis nach mehr Phantasie zusammenhängt, indem Sie die fehlende Information mit Intuition und inneren Bildern ausfüllen sollten. Vielleicht sind Sie wirklich ein Medium und haben Ihre intuitiven Fähigkeiten bisher noch nicht entwickelt? Nun helfen Ihnen Ihre Augen dabei. Wer ist es, der sieht? Sind Sie es oder ist es ein Adler?

Amplifikation des Hörens

Achten Sie darauf, wenn Sie etwas hören. Hören Sie äußere oder innere Töne? Hören Sie einen inneren Dialog? Horchen Sie ganz genau hin. Wer ist es, der spricht? Ist es eine weibliche oder eine männliche Stimme, ist sie alt oder jung, rauh oder weich, drohend oder entschuldigend? Amplifizieren Sie diese Töne auf Ihre eigene Weise. Lauschen Sie, was geschieht.

Denken Sie auch daran, daß Sie möglicherweise nur das hören, was Sie an sich selbst nicht kennen oder akzeptieren. Können Sie Dinge hören, die für Sie nicht richtig sind, oder können Sie das vergessen, was Sie nicht wissen müssen? Wenn Sie Schwierigkeiten mit dem Hören oder mit dem Gedächtnis haben, gibt es dafür einen stichhaltigen Grund. Versuchen Sie, bewußt mit diesen Schwierigkeiten umzugehen und Freude daran zu haben.

Wenn Sie hören oder sehen, dann hören oder sehen Sie immer genau das Richtige, das, was Ihnen neue Information bringt. Haben Sie diese Information schon einmal erfahren, hören Sie sie wahrscheinlich nicht noch einmal.

Nehmen Sie das Material, das lange genug bleibt, um es festzuhalten, und amplifizieren Sie es; machen Sie es noch lauter, deutlicher, schöner oder schrecklicher, melodischer, abgehackter, rhythmischer oder unrhythmischer. Auf welchem Ohr scheinen Sie zu hören? Oder hören Sie über Ihren Rücken, wie manche Leute? Sicherlich gibt es Schwierigkeiten mit ihrem Hören, von denen Sie sich nie träumen ließen.

Wenn Sie in der Meditation weiter gekommen sind, werden Sie feststellen, daß Ihre inneren Töne den Kanal ändern und Sie vielleicht anfangen, sich zu bewegen, zu tanzen oder zu singen. Das ist wunderschön! Später werde ich ausführlicher die Kanalwechsel schildern.

Innere Kritik

Der innere Dialog ähnelt häufig einem Menschen, der ununterbrochen spricht. Dieses ununterbrochene Reden geschieht meistens, weil der Sprecher nicht gehört wird. Manche Aspekte des inneren Dialoges, wie vielleicht ein bestimmter Einwand oder ein Problem, werden nicht gehört. Viele Menschen haben eine Abneigung gegen die Arbeit an sich selbst und weichen ihr aus, weil sie ihre inneren Stimmen nicht ausstehen können. Sie wissen, daß sie, wenn sie sich nach innen wenden, auf eine Art von Selbsthaß oder Selbstkritik stoßen werden. Wenn Sie eine häßliche Stimme entdecken, hören Sie genau hin, bevor Sie den Kanal wechseln. Später werde ich Ihnen verschiedene Arten des Umgangs mit diesen Stimmen beibringen.

Körpergefühl

Bezüglich der Körperwahrnehmung ist jeder Körper verschieden. So ist beispielsweise Ihre Fähigkeit, Schmerzen zu ertragen, abhängig davon, wie intensiv Sie etwas fühlen. Manche Menschen, die wissen, daß Sie sehr wenig spüren, haben ungewöhnlich viel Angst vor Schmerzen oder sie sind schmerzüberempfindlich. Ihre beginnende Wahrnehmung von Körpergefühl (der Propriozeption) besteht normalerweise aus wahllosen und unbestimmten Informationen, wie Wohlbefinden oder Unwohlsein, Schweregefühl oder Traurigkeit. Der erste Schritt, um mit Ihrer Propriozeption zu arbeiten, ist, Ihren Körper durch die ihm eigenen Bedingungen zu spüren. Er ist voller Sensitivität, die nur Sie allein fühlen können. Nehmen Sie all diese Empfindungen wahr. Es könnte hilfreich für Sie sein, unten zu beginnen. Spüren Sie Ihre Füße, Ihre Unter- und Oberschenkel. Spüren Sie Ihre Beckenregion, Ihr Gesäß, Ihren Genitalbereich. Sind da warme oder kalte Stellen, Spannung oder Druck? Und wie ist es mit Ihrem unteren Rücken und Ihrem Bauch? Bewegen Sie Ihren Bauch ein wenig und nehmen Sie wahr, wie sich das anfühlt. Spüren Sie Ihren Herzschlag im Brustkorb oder irgendwelche Spannungen in Ihren Schultern? Juckt Ihre Haut? Welche Stellen sind warm oder kalt? Wie fühlt Ihr Kopf sich an?
Ihr Körper ist auf eine bestimmte Weise gebaut, er kann Krankheiten und Erfahrungen durchmachen, die für andere unzugänglich bleiben. Er kann auch archetypische Haltungen und Bewegungen ausführen und Gefühle haben, die jedem vertraut sind. Obwohl er also vieles mit anderen Kör-

pern gemeinsam hat, kann Ihr Körper doch mehr individuelle Besonderheiten haben, als Sie ahnen.

Wenn Sie Ihr Körpergefühl in der Meditation sich entwickeln lassen, werden Sie auf Dinge reagieren, die Sie normalerweise nicht wahrnehmen, wie auf geringfügige Schwankungen der Raumtemperatur, auf Kleidungsdruck oder auf Höhenunterschiede. Sie werden sensitiv Erfahrungen gegenüber, die Sie vorher nie gefühlt haben. Sie werden sich dem träumenden Prozeß nähern und immer genauer feststellen, wie Sie selbst Depressionen und Unglücklichsein in Ihrem Körper erzeugen.

Wenn Sie einmal feststellen, daß Sie Temperaturen, Schmerzen, einen vollen Magen oder Kopfschmerzen propriozeptiv wahrnehmen, können Sie ihre Gefühle «kochen». Die wirksamste Art, propriozeptiv wahrzunehmen, besteht darin, sich nicht zu bewegen. Denn Bewegung vermindert die Wahrnehmung von Empfindungen, bevor sie überhaupt die Möglichkeit haben, das Bewußtsein zu erreichen. Sitzen Sie ganz ruhig und spüren Sie einfach.

Symptome. – Wenn Sie ein Symptom haben, können Sie froh sein, denn Sie können es amplifizieren. Spüren Sie es in allen Einzelheiten, nehmen Sie wahr, wie der Schmerz in ihren ganzen Körper ausstrahlt. In welcher Richtung bewegt er sich? Spüren Sie die mit ihm verbundenen Temperaturen, das Schaudern, den Druck, die Benommenheit, die Übelkeit. Finden Sie heraus, woher die Übelkeit kommt. Amplifizieren Sie die Intensität Ihrer Konzentration, damit Sie, falls nötig, jemand anderem die Einzelheiten Ihrer Körpererfahrung schildern könnten. Schildern Sie sie so lebendig, daß die Symptome bei einem anderen auftreten könnten. Wenn Sie diese Details nicht wiedererschaffen können, ist Ihre Propriozeption wahrscheinlich unvollständig.

Der innere Arzt. – Wenn Sie im propriozeptiven Kanal gut meditieren können, können Sie mit vielen, vielleicht sogar mit allen, Ihrer Symptome arbeiten. Sie könnten sogar Ihren eigenen inneren Arzt finden. Eine Frau in einem der letzten Meditationsseminare erkrankte an einer fieberhaften Erkältung während ihrer Meditation. Sie amplifizierte ihre Propriozeption und hatte das Gefühl, als würde ihr jemand ein Messer in die Kehle stoßen. Sie arbeitete mit der Erfahrung des Geschnittenwerdens und fühlte sich dann besser. In der darauffolgenden Nacht träumte sie von einem inneren Arzt mit einer magischen Medizin.

Kürzlich ging ich auf Visionssuche. Ich ging zu einer bestimmten Stelle am Fuß eines Gletschers und meditierte, um die Information in meinem Sehen, Hören, Fühlen und Bewegen herauszufinden. Ich hatte die Vision eines Gletschermannes, jenseits von Zeit und Raum, der mit mir sprach. Ich hörte ihm gut zu, und er sagte mir, der Sinn allen menschlichen Lebens, nicht nur meines persönlichen, bestehe darin, ein Kanal für den kosmischen Prozeß zu werden. So, wie unsere Augen und Ohren Kanäle für uns Menschen seien, die wir uns bewußt machen müßten, so seien wir Augen und Ohren für das Universum. Er sagte, es sei die Bedeutung des menschlichen Lebens, ein vollkommener Kanal für die Evolution unseres Universums zu werden. Felsen, Bäume, Tiere, Berge und Flüsse seien andere spezifische Kanäle. Sind wir die einzigen Kanäle, die bewußt ihre Veränderungen amplifizieren und sie verfolgen können? Bewußtheit zu erlangen und sie zu amplifizieren, könnte uns durchaus rund um die Uhr beschäftigen.

Er sagte mir, und ich bin noch dabei, dies für mich nachzuprüfen, daß es den menschlichen Körper deshalb gebe, damit er ein ganz spezieller Kanal für den universalen Geist sei. Jeder Mensch habe seine individuelle Ausprägung, weil jeder seine besondere Aufgabe in diesem Leben als Kanal zu erfüllen habe. Es sei das Schmerzlichste im Leben, um seine

Aufgabe als Kanal nicht zu wissen und nicht zuzulassen, daß der eigene Körper seinen speziellen Zweck und sein Wesen verwirklichen könne.

Waren seine Aussagen nur für mich in diesem Moment gültig, oder hatten sie universellen Wahrheitsgehalt? Jeder von uns sollte seine eigenen Visionen und Überzeugungen entwickeln.

Körpertypen. – Ein übergewichtiger Mann, der nicht einmal ein paar Gramm abnehmen konnte, nahm an einem meiner Meditationsseminare teil. Er ließ seinen Körper sehr langsame Bewegungen machen, um sie amplifizieren zu können. Er führte die «Kerze» aus. (Er lag auf dem Rücken, hob seine Beine senkrecht nach oben und stützte seine Hüften mit den Händen, wobei die Oberarme flach auf dem Boden lagen.) Anschließend ging er in den «Pflug» über (s. Abb. 5, die den berühmten Hatha-Yogalehrer B. K. S. Iyengar zeigt, wie er die Haltungen demonstriert). Sein Bauch war im Weg, als seine Beine nach hinten gehen wollten, aber sein Körper wollte diese Haltung! Sein Gewicht machte es ihm unmöglich, zu atmen. Er amplifizierte seine propriozeptive Erfahrung so lange in der Pflughaltung, bis er es nicht mehr aushalten konnte. Dann hatte er eine Vision. Die Kanäle wechseln automatisch, wenn die Empfindungen so intensiv wie möglich amplifiziert werden. In diesem Fall ging der Wechsel von der Propriozeption zum Sehen über. In seiner Vision sah er die Michelin-Werbung mit dem mächtigen Mann, der unter einem Autoreifen steht. Er sagte, daß der Reifen außen weich sei, aber innen habe er einen eisernen Kern.

Offensichtlich braucht er sein Gewicht, damit er erkennen kann, daß er selbst ein sehr haltbarer, mächtiger Michelinreifen ist, außen sehr weich, aber innerlich hart. Er war überrascht von dieser Vision, weil er befürchtet hatte, schwach zu sein. Ich denke, daß dieser Mann ein Kanal für

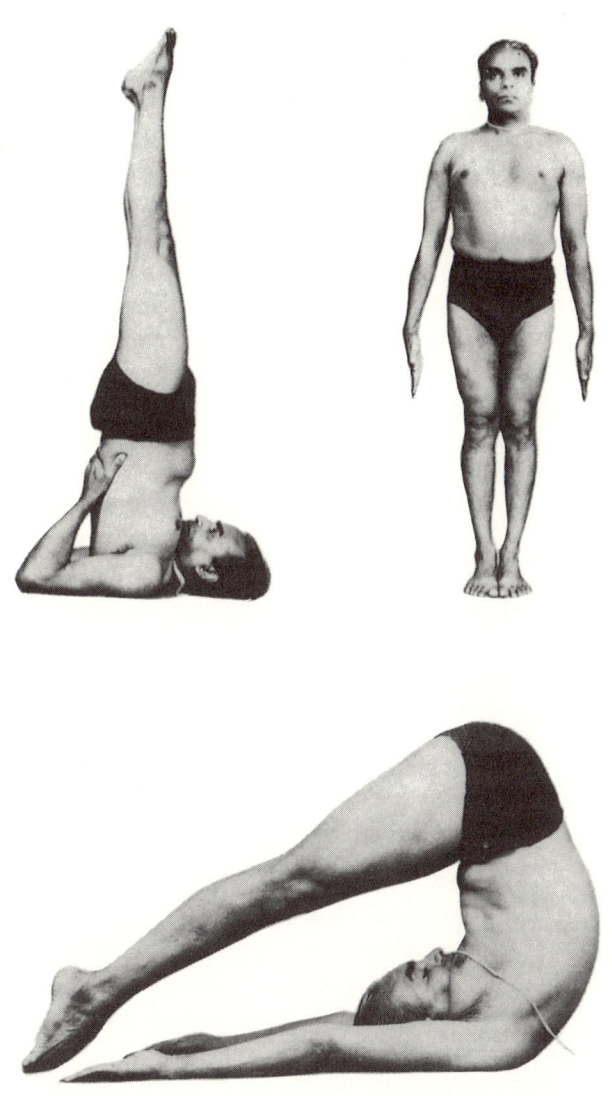

Abb. 5: Asana-Haltungen; oben links die «Kerze», oben rechts der «Berg», unten der «Pflug».

71

den Teil des Universums, den Aspekt dieser Welt sein könnte, der sanft spricht, aber einen eisernen Kern von Weisheit in sich birgt. Der Körper dieses Mannes ist genau das, was er braucht. Diät oder Übungsprogramme reichen nicht aus. Er braucht das Bewußtsein seiner inneren Stärke.

In einem anderen Meditationsseminar folgte ein sehr großer Mann seiner Neigung, sich während der Meditation zu bewegen. Schon bald hatte er den Eindruck, zum Riesen zu werden. Als er aus einer sitzenden Position zum Stehen kam, hatte er die Vision, hoch über der Welt zu stehen, sich über seine Mutter zu erheben, die ihn unten festhalten und von der Liebe abhalten wollte. Dieser Mann braucht seine Größe, um über seine Mutter und andere Kräfte in ihm und außerhalb von ihm hinauszugehen, die ihn vom Lieben zurückhalten wollen. Als er sich bewegte, kam er ganz spontan und natürlich in die Yogahaltung, die der «Berg» genannt wird (Abb. 5). Diese Beispiele zeigen, daß jeder Körper etwas Besonderes ist. Das zu sein, was Sie in Ihrem Körper wahrnehmen, das ist Ihre Aufgabe in der Welt.

Bewegung

Nachdem Sie eine halbe Stunde, ohne sich zu bewegen oder die Augen zu öffnen, meditiert haben, schlage ich vor, daß Sie Ihren Bewegungskanal erforschen, die Kinästhesie. Bewegung kann mit anderen Kanälen verbunden sein oder auch allein erfahren werden. Manche Tänzer, die begabtesten Menschen im Bewegungskanal, folgen fast nur ihrem Bewegungssinn und haben oft keine Wahrnehmung in den Kanälen des Fühlens, Sehens oder Hörens.

Um über Bewegung etwas herauszufinden, fangen Sie an, über das Fühlen, Sehen und Hören zu meditieren, wie Sie es bereits kennen, und amplifizieren Sie diese Erfahrungen. Dann folgen Sie sorgfältig Ihren geringsten Tendenzen, sich zu bewegen. Beginnen Sie mit langsamen Bewegungen. Wenn Sie in der Lotushaltung sitzen, könnten Sie feststellen, daß Sie sich hin und her bewegen (s. Abb. 6). Achten Sie auf Ihr Verlangen, sich nach vorn oder nach hinten zu beugen, oder Ihre Rückenmuskeln zu entspannen. Achten Sie darauf, was mit Ihrem Nacken und Ihrem Kiefer und was in Ihrem Mund geschieht. Achten Sie auf die Art der Bewegungen in Ihrer Kehle, wenn Sie sich hin und her wiegen. Wenn Sie merken, daß sie aufstehen, dann tun Sie das so, daß es zur aufregendsten Sache wird, die Sie je getan haben. Untersuchen und erforschen Sie Ihre Bewegungen. Achten Sie auf das Knarren Ihrer Gelenke, finden Sie heraus, wo sie sind. Erforschen Sie Ihren Bewegungsmechanismus, Ihre Sehnen, Ihre inneren Muskeln, und auch die inneren Organe im Bauch, die an der Bewegung beteiligt sind. Wenn Sie sich langsam genug bewegen, können Sie den ganzen Tag damit beschäftigt sein, sich auch nur einen Zentimeter in irgendeine Richtung zu bewegen. Diese Art der Bewegung ist bereits ein vollständig veränderter Bewußtseinszustand. Genießen Sie ihn. Achten Sie darauf, was geschieht, wenn Sie aufstehen. Stellen Sie sich richtig hin, indem Sie sich erst auf ein Bein, dann auf das andere stellen. Welches trägt mehr Gewicht, wenn Sie beide belasten? Schwingen Sie langsam von einem zum andern? Beginnen Sie, zu gehen? Wenn ja, achten Sie auf Ihre Füße, die Fußmuskeln und die Knochen.

Yoga und Bewegung. – Diese Art der langsamen Bewegungsmeditation geht in Yoga über; sie ist der Beginn von Hatha-Yoga. Die Haltung, aus der heraus Sie die Bewegung beginnen, und die Haltungen, in die Sie sich hineinbewegen und in denen Sie verharren, sind meistens klassische Yoga-Asanas. Wir beide, sowohl Barbara wie ich, könnten uns vorstellen, daß Hatha-Yoga sich über die langsame Bewegungsmeditation entwickelt hat. Yogis fingen an, sich zu bewegen und

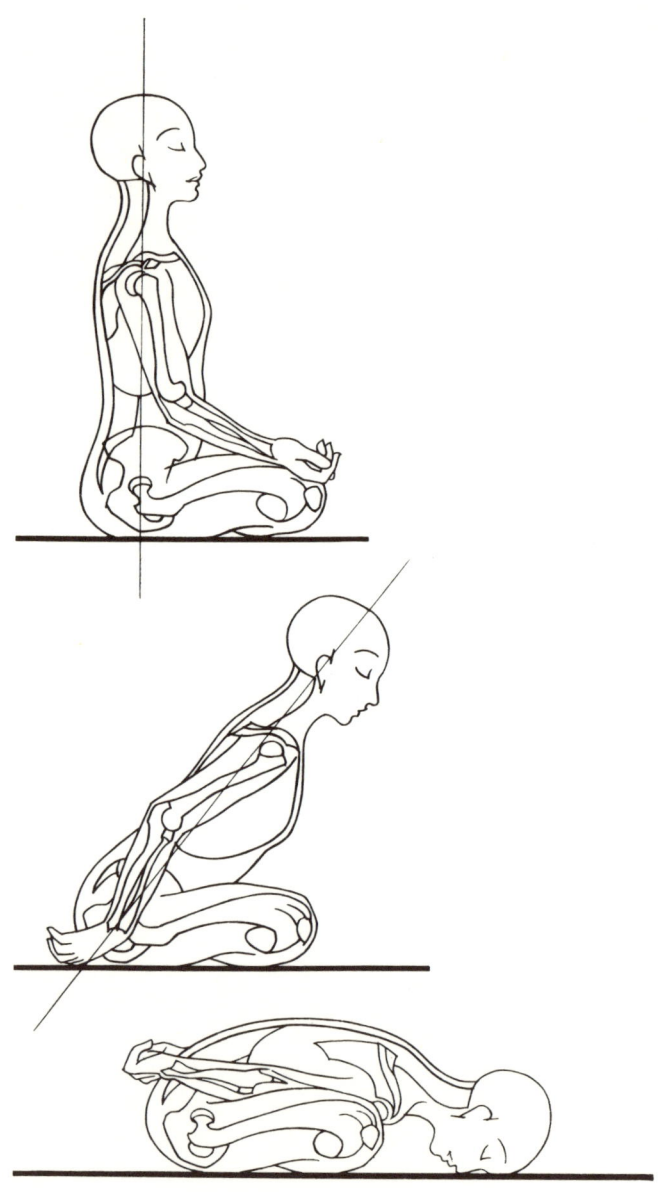

Abb. 6: Sitzen und bewegen

entdeckten, daß ihr Körper, aus welchen Gründen auch immer, bestimmte Haltungen einnehmen mußte. Die Bezeichnungen der Yoga-Asanas, Katze, Kobra, Bogen usw., weisen darauf hin, daß diese Haltungen bestimmten Bildern und Gefühlen entsprechen.

Bewegungen und Körperempfindungen, Kinästhesie und Propriozeption zu amplifizieren, erzeugt so etwas wie einen ursprünglichen, einen archaischen Yoga, einen prozeßorientierten Yoga. Wir könnten ihn auch prozeßorientierte Körperarbeit oder Prozeßarbeit nennen. Er läßt Ihren Körper träumen. Amplifizieren Sie die Bewegungen, folgen Sie ihnen, lassen Sie sie so weit gehen, wie sie wollen, und nehmen Sie wahr, was geschieht (s. Abb. 7–12).

Kanalwechsel. – An den Grenzen Ihrer Bewegungen, Ihrer körperlichen Möglichkeiten, sind die sekundären Prozesse, Ihre Träume und Ihr Traumkörper. Versuchen Sie, mit Ihren Bewegungen bis zur äußersten Grenze zu gehen und gehen Sie den Grenzen Ihres eigenen Körpers nach (Grenzen werden im nächsten Kapitel ausführlicher besprochen). Gehen Sie sanft mit sich um beim Näherkommen an Ihre körperlichen Grenzen, da es möglich ist, sich einen Muskelriß zuzuziehen, den Sie erst später bemerken könnten. Die Absicht dieser Arbeit zielt nicht auf eine körperliche Leistung, sondern auf die Entdeckung Ihrer selbst. Meditieren Sie, aber üben Sie keinen Druck aus an der Grenze. Nähern Sie sich vorsichtig dem Ende Ihrer körperlichen Möglichkeiten und verharren Sie dann in dieser Stellung.

An diesem Punkt wird ein Kanalwechsel Ihnen mehr Information über den Prozeß geben, in dem Sie kinästhetisch aktiv sind. Machen Sie das folgende Experiment. Versuchen Sie das, was Sie jetzt fühlend erfahren, zu sehen. Die entstehende Vision ist ihr biologischer Traum, Ihre kraftvolle Haltung in diesem Moment.

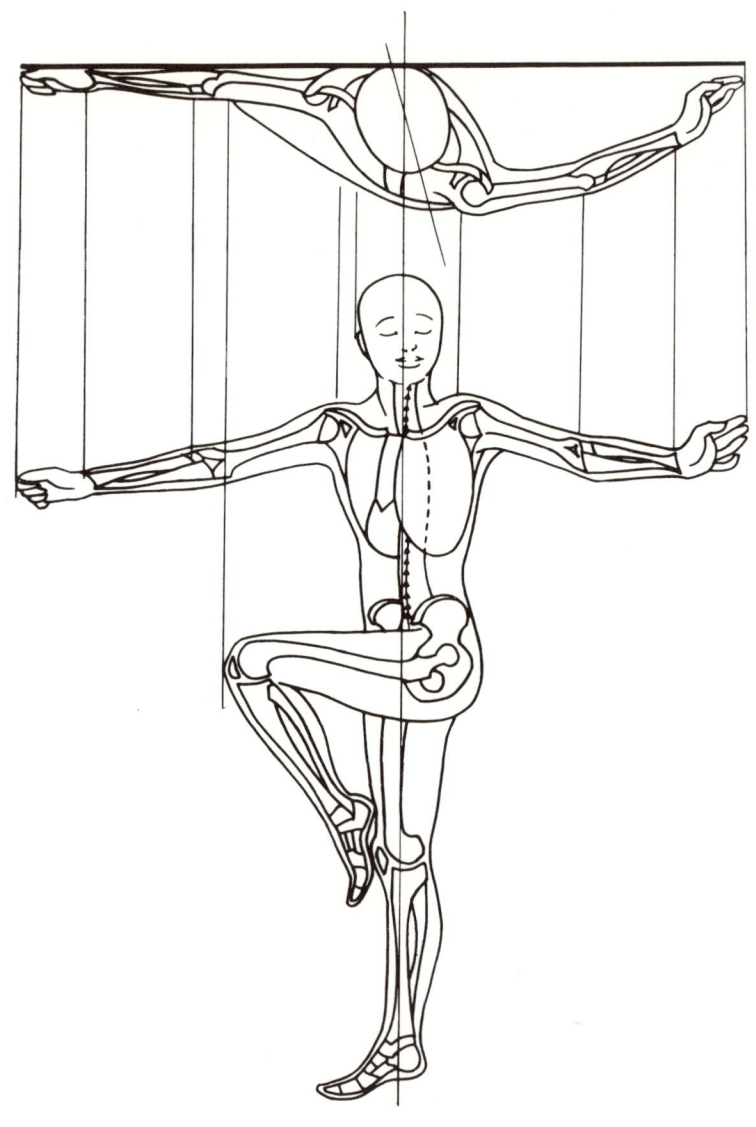

Abb. 7: Drehen

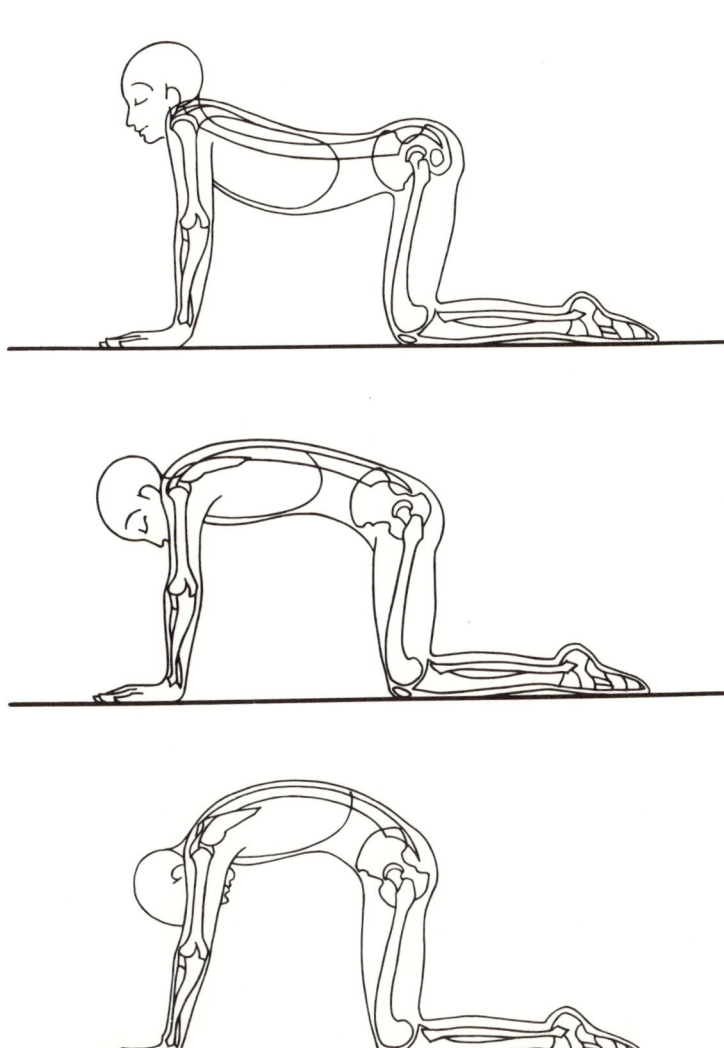

Abb. 8: Katze

Abb. 9: Fisch

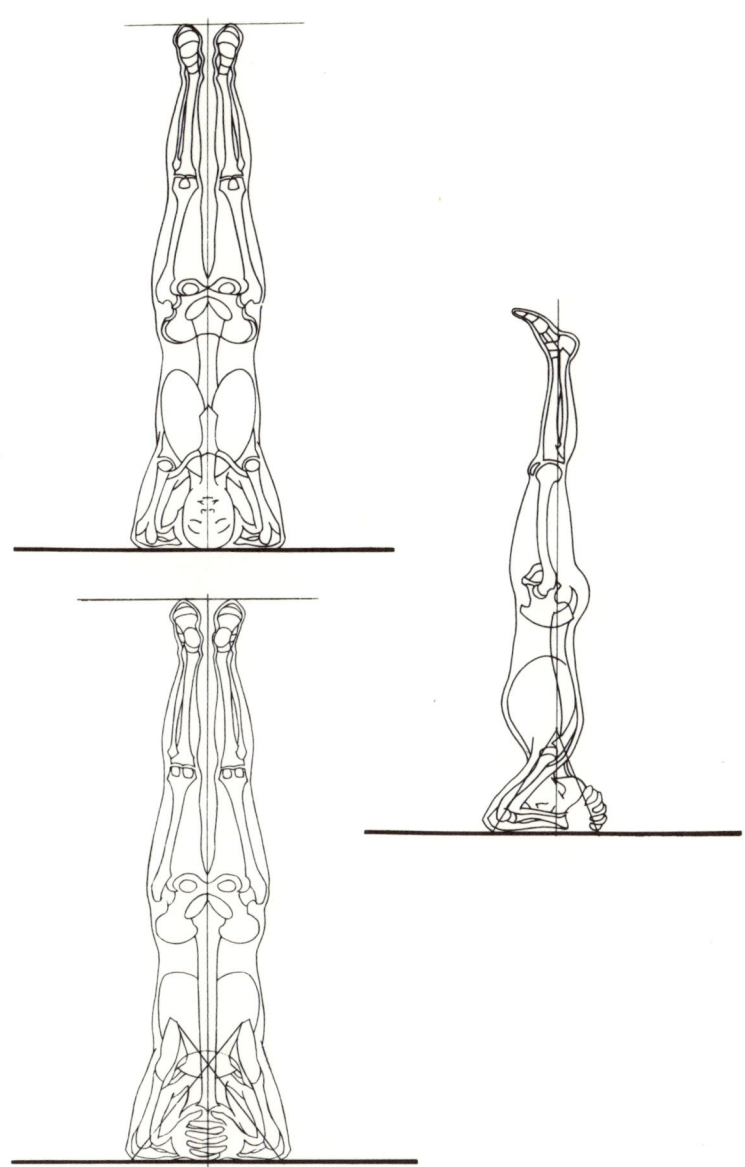

Abb. 10: Kopfstand

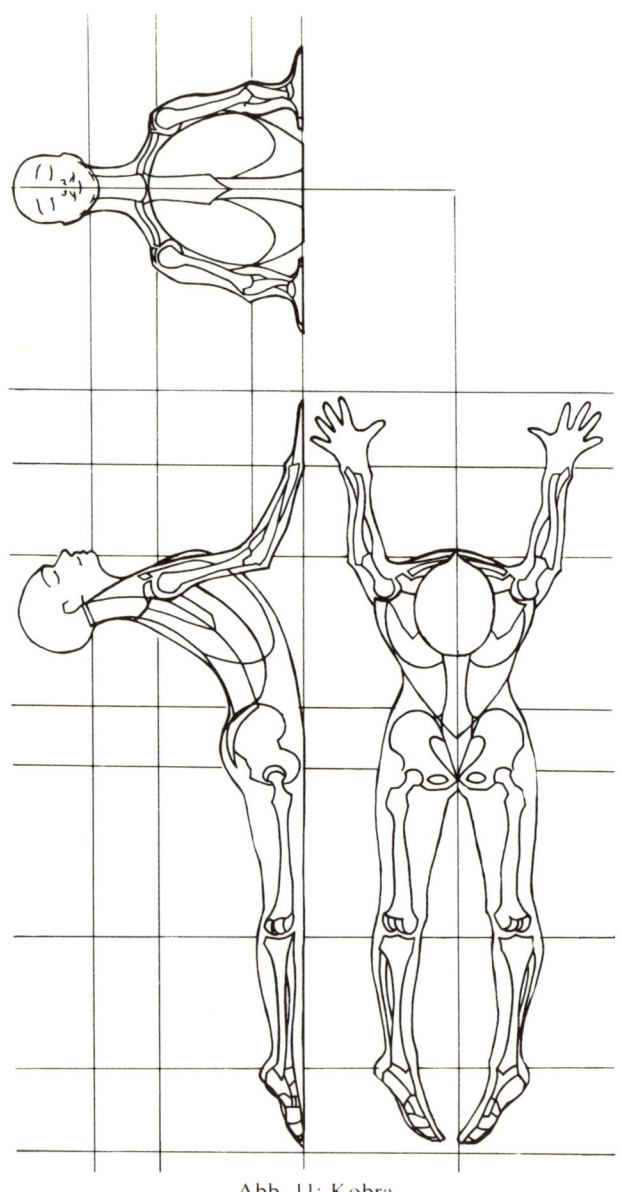

Abb. 11: Kobra

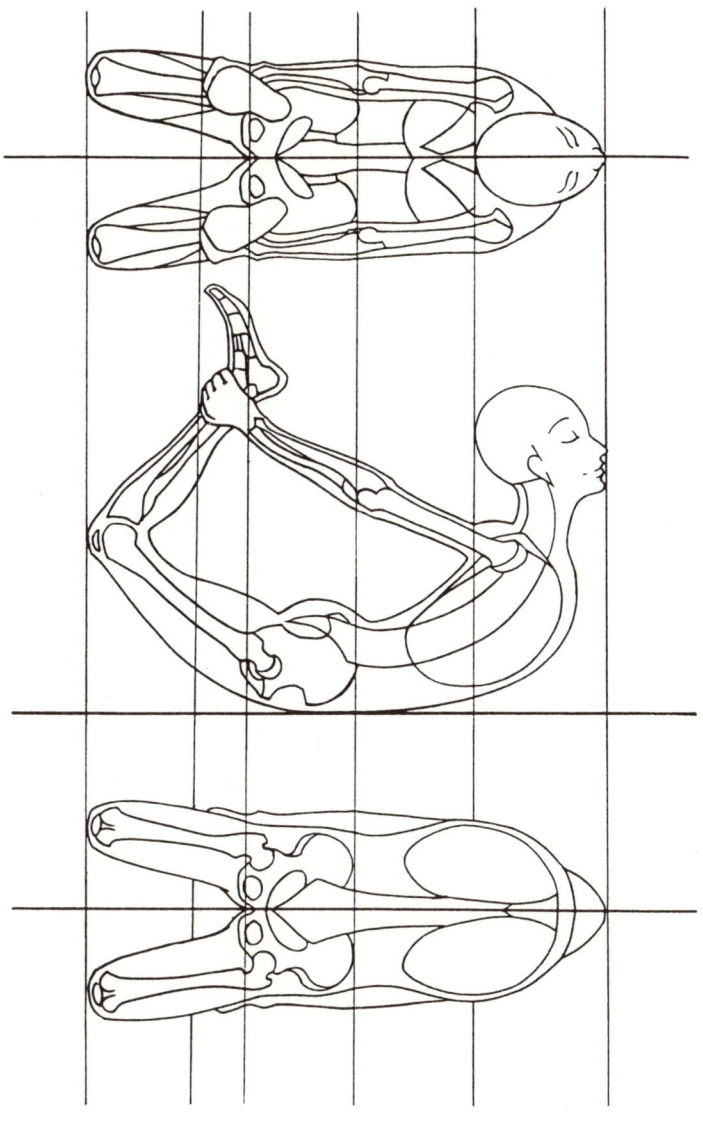

Abb. 12: Bogen

Bewegung ist voller Prozeßinformation. Mißbrauchen Sie Bewegungen nicht, indem Sie sie programmieren oder sie einfach nur geschehen lassen. Greifen Sie die Bewegungen auf, die spontan auftreten, amplifizieren Sie sie, führen Sie sie bis an ihre Grenzen und wechseln Sie dann den Kanal, um Ihr Bewußtsein von dem, was Ihr Körper tut, zu verstärken.

Mein Körper. – Ich bin nicht sehr gelenkig. Neulich, als ich mit Barbara Yoga übte, entdeckte ich, daß ich den «Bogen» nicht mag. Hier muß man mit dem Bauch auf dem Boden liegend die Arme nach rückwärts bewegen und mit den Händen die Fußgelenke umgreifen (s. Abb. 12). Wie ich diese Haltung hasse! Ich hielt meine Fußgelenke, solange ich konnte, umfaßt, indem ich mich übermäßig anstrengte und dann, peng, wechselte ich den Kanal und sah ein Bild, eine Vision. Und was war es? Es war Eisenhans, die Märchengestalt! Ich sah den vernachlässigten Schatten der westlichen Zivilisation, den wilden Mann, den grobschlächtigen, von der modernen Welt ausgestoßenen Waldmenschen, den archetypischen primitiven Mann. An der Grenze meiner Körperbewegung tauchte die Vision des rauhen Kerls auf, des Eisenmannes, der nicht nachgeben wird, und der damit beschäftigt ist, er selbst zu sein. Das ist die Information, die in meinen angespannten Sehnen aufbewahrt war, die Bedeutung meiner mangelnden Flexibilität.

Sekundäre und myoklonische Bewegungen. – Es gibt Bewegungen, die ereignen sich so schnell, daß wir Mühe haben, sie wahrzunehmen. Das sind myoklonische Bewegungen, d. h. sie sind wie die (Muskel)Zuckungen und ruckartigen Bewegungen, die im Moment des Einschlafens auftreten. Sie träumen vielleicht, daß Sie die Treppe hinunterfallen, Ihr Körper zuckt, wenn er fällt und dann, plötzlich! sind Sie wach. Gleichermaßen ist Ihr Körper während der Meditation oder wenn er sich der hypnagogischen Erfahrungsebene nähert, auf der Visionen und Stimmen auftauchen, unter der Führung Ihrer Traumkraft, und er bewegt sich in derselben spontanen Weise, als würden Sie träumen oder Stimmen hören. Seien Sie also schnell! Nehmen Sie diese unvollständigen Bewegungen auf, verstärken und vollenden Sie sie, wenn es möglich ist.

Je mehr Sie sich Ihrer Bewegungen bewußt sind, um so eher werden Sie fähig sein, zwischen Bewegungen des primären Prozesses, die beabsichtigt sind und in sinnvoller Weise zu Ende geführt werden, und sekundären Bewegungen mit myoklonischem Charakter zu unterscheiden. Wenn Sie Ihren sekundären Prozeß im Bewegungskanal zu fassen vermögen, können Sie ihn fast immer mit dem Traum der vergangenen Nacht in Beziehung bringen.

Die Unterscheidung von Bewegungen ist wichtig, denn wenn Sie versuchen, «Authentische Bewegung» durchzuführen oder kreativ und spontan zu tanzen, werden Sie wahrscheinlich nicht dazu in der Lage sein. Die sekundären, unvollständigen und unbegreiflichen Bewegungen sind der unmittelbare Weg zu authentischem, kreativem und unvorhersehbarem Traum-Tanzen. In diesen nicht beabsichtigten Bewegungen wird die Information über unsere Träume gefunden.

Kürzlich bearbeitete ich mit einem Mann den Prozeß des Gehens. Seine primäre Bewegung war Gehen. Doch als er ging, nahm er wahr, daß er sich wie ein Roboter bewegte. Er sagte, es sei nötig, so zu gehen, damit er sich selbst unter Kontrolle halten könne. Sein primärer Prozeß, der, mit dem er sich identifizierte, war Kontrolle; sein sekundärer Prozeß bedeutete, außer Kontrolle zu geraten. Ich schlug vor, daß er sich ruhig unter Kontrolle halten solle, denn ich dachte, daß diese Kontrolle einen bestimmten Sinn haben müsse. Als wir mit dem Gehen weiterarbeiteten, erzählte er mir plötzlich, daß er an Epilepsie leide.

Was ist nun zuerst da, das Huhn oder das Ei? War seine Kontrolle der Schutz vor epileptischen Anfällen, oder waren die Anfälle eine ausgleichende Reaktion auf die Kontrolle? In der Prozeßarbeit erwägen wir auch kausale Fragen, bevorzugen aber solche Annahmen, die sich auf den laufenden Prozeß beziehen. So fragte ich ihn, ob wir zusammen die Erfahrung des Außer-Kontrolle-Geratens, die in seiner Epilepsie liegt, prozessieren sollten. Er stimmte zu, und es entstanden kreative Bewegungen und dann, plötzlich, auch Zorn. Er war zornig in bezug auf bestimmte Erfahrungen aus der frühen Kindheit. Wir amplifizierten die zornigen Bewegungen, und daraus entstand ein Tanz, ein wunderschöner und anmutiger Kampfkunst-Tanz. In seinen epileptischen sekundären Bewegungen waren Abwehr, Wut, Angriff und Kraft eingeschlossen.

Wenn dieser Mann geht, gehen mehrere Prozesse mit ihm. Da ist der eine, der die Gefühle unter Kontrolle hält, und ein anderer, der zornig und aus der Kontrolle geraten ist. Und in der Prozeßarbeit ist es einer, der diese beiden Figuren prozessiert, indem er sie in einem fließenden Tanz des Lebens miteinander verbindet und eine Ehe zwischen Selbstvergessenheit und Kontrolle entstehen läßt. Zwei Zustände, die in Zeit, Kontrolle und Selbstvergessenheit eingefroren waren, wurden, wie Don Juan sagen würde, zur Kunst des Kriegers, zur «Kontrollierten Selbstvergessenheit». Prozeßorientierte Bewegungsmeditation gibt uns einen raschen Zugang zu unbekannten Zuständen, wie auch zu ihrer kreativen Integration.

Bewegung um der Bewegung willen. – Es gibt Zeiten in der Meditation, in denen Sie sich in Bewegungen erleben, in denen nichts geschieht als Bewegung. Es ereignet sich kein Kanalwechsel. Sie können hin und her rollen, oder sich beständig nach hinten beugen. Das Interessante an diesen Bewegungen und Haltungen ist, daß sie nicht von Aussagen aus anderen Kanälen begleitet werden. Dies sind Bewegungen aus und für sich selbst. Ihr einziger Zweck scheint in einer heilenden Funktion zu liegen. Wenn Sie diese Bewegungen bewußt durchführen, können Sie erleben, wie diese heilende Funktion tätig ist, indem sie angespannte und angstbesetzte Stellen Ihres Körpers massiert.

Die Arbeit im Bewegungskanal ist eine der Besonderheiten der prozeßorientierten Meditation. Ständige Bereitschaft zur Bewegung unterscheidet diese Arbeit von bestimmten östlichen Ritualen, die den Bewegungsbedarf zum Beispiel dadurch integrieren, daß dem Initianten empfohlen wird, in regelmäßigen Abständen eine programmierte Gehbewegung durchzuführen.

Eintauchen in den Prozeß. – Wenn Sie mit ihrem Prozeß einmal vertraut sind, dann werden keine Gehpausen während der Meditation nötig sein, weil die Bewegungswahrnehmung es ermöglicht, für Stunden auf derselben Stelle in der Größe einer Yoga-Übungsmatte zu bleiben, ohne das Bedürfnis, aufzustehen und sich auszustrecken. In dieser Zeit können Sie Ihren Prozeß Kanäle wechseln lassen, indem Sie zunächst Stimmen zuhören, dann Traumfiguren sehen, Einsichten haben, sie aufschreiben, wieder sitzen, sich dann hin und her wiegen, stehen, sich schütteln, niederlegen und sogar schlafen. Wenn dies im Lauf mehrerer Tage fortgeführt wird, gehen Sie immer tiefer in Ihren Prozeß hinein, bis er Teil des Lebens selbst wird. Dieses Eintauchen in den Prozeß selbst scheint das Ziel zu sein, nach dem der Körper sich ursprünglich gesehnt hat, das wir aber nicht bewußt wahrgenommen haben. Was auch immer während der festgesetzten Meditationszeit, seien es fünf Minuten oder fünf Stunden, geschieht, ist gerade ein flüchtiger Blick darauf, wie das Leben gelebt werden könnte – wunderbar!

Ein Schmetterling ist gerade auf meinem Kugelschreiber gelandet. Ich schreibe weiter, ganz langsam, mit dem Schmetterling. Seine rhythmischen Bewegungen machen es mir schwer, das Geschriebene zu sehen. Bin ich ein Schmetterling? Wie ich so über den Schmetterling meditiere, sehe ich, daß er leichter ist als ich. Ein genauer Beobachter schreibt da für Sie und erkennt, daß das «Ich» des letzten Satzes, das schreibt und meditiert, mein primärer Prozeß ist, und der Schmetterling, der mein Schreiben verhindert, mein sekundärer. Also Zeit, mit dem Schreiben aufzuhören und mehr über den Schmetterling herauszufinden!

Grenzen

Störungen, Ruhelosigkeit und mangelnde Konzentration sind seit Jahrtausenden Meditationsprobleme gewesen. Das endlose Sich-Drehen des Schicksalsrades, die Bewegungen des Denkens, das Kommen und Gehen von Stimmen, Bewegungen, Schmerzen, Leiden, Besitzstreben und Beziehungen wurden immer wieder als der größte Fluch für den Meditierenden betrachtet. Die Prozeßarbeit wertet diese Veränderungen und Unterbrechungen anders. Die hartnäckigen Störungen sind auf zwei Faktoren zurückzuführen, die in diesem Kapitel besprochen werden: Kanalwechsel und Grenzen.

Die unveränderliche Botschaft

Wenn ein Prozeß eine Information zutage bringt, die Sie nur schwer annehmen können, ist eine Grenze erreicht. Ein Kanalwechsel tritt ein, wenn eine Grenze da ist oder wenn es Zeit ist, Bewußtheit in neuen Bereichen zu entwickeln. Der Informationsgehalt bleibt derselbe; die Botschaft ist gleichbleibend, aber die Kanäle wechseln. In beiden Fällen überrascht es, daß der Geist eigentlich überhaupt nicht umherwandert. Sie können natürlich versuchen, Ihre Aufmerksamkeit auf einen Prozeß zu fixieren, wenn Sie meinen, daß dies für Sie wichtig sei, entsprechend dem Ideal vieler Meditationsweisen; aber eigentlich ist das nicht nötig, weil immer dann, wenn Ihre Aufmerksamkeit sich ändert, dieselbe Botschaft in einem anderen Kanal wiedererscheint.

Die Erhaltung des Prozesses. – Etwas, das ich in den letzten Jahren von der Traumarbeit gelernt habe, ist, daß jede Traumszene genau die gleiche Botschaft enthält, auch wenn die Szene sich ändert. «Ein Prozeß wird weder geschaffen noch zerstört, er wird ständig erhalten», so würde ein Wissenschaftler diese Tatsache beschreiben. Der Prozeß verschwindet aus dem bewußten Schwerpunkt der Aufmerksamkeit nur, um in einem vom Bewußtsein noch nicht besetzten Kanal wiederzuerscheinen. Die Botschaft ändert sich geringfügig, sobald Sie sie wahrnehmen. Ihre Träume sagen Ihnen vielleicht, daß Sie etwas wagen sollen, Ihre Bewegungen lassen Sie stolpern und fast hinfallen, Ihr Körper kann Sie mit ernsten Symptomen erschrecken, und Ihre Beziehungen können Sie herausfordern, Risiken einzugehen. Wenn Sie sich jedoch der Gefahr gestellt haben, wird sich die Botschaft, die in allen möglichen Kanälen erschienen ist, verändern.

Was ist es nun, das den Wechsel in unseren Visionen, Körpererfahrungen und Bewegungen hervorruft? Es könnte der Drang nach Ganzheit sein, danach, sich selbst kennenzulernen und Bewußtheit in allen Kanälen zu entwickeln. Der geheimnisvolle Punkt, den ich die «Grenze» nenne, ist eine Blockade in dem jeweiligen Kanal. An diesem Punkt wechselt Ihr Prozeß den Kanal und Ihr Bewußtsein gleitet ab. So träumen Sie vielleicht über jemanden, den Sie nicht mögen, eine Frau, die Sie kaum anschauen können, weil sie alle negativen Eigenschaften in sich vereint, die Ihnen am meisten verhaßt sind. Sie haben eine Grenze gegen sie. Wenn Sie nun an Ihrem Traum arbeiten, neigen Sie dazu, auf andere Teile des Traums, die Ihnen angenehmer sind, zu achten. Später treffen Sie in einem Laden in der Nachbarschaft zufällig auf genau denselben Typ von negativer Person. Jetzt tritt die Figur im Weltkanal auf, aber die Botschaft ist wiederum identisch: Betrachte deine negativen Eigenschaften und erlebe sie.

Im visuellen Kanal scheint das Sehen an der Grenze abzuweichen. Normalerweise würden Sie annehmen, Sie seien zerstreut. Wenn Sie aber weiter meditieren, werden Sie feststellen, daß ein anderer Kanal – zum Beispiel die Welt – besetzt wird und dieselbe Botschaft trägt. So wiederholt sich derselbe Prozeß in einem anderen Kanal.

Im Kreis drehen. – Es kann sogar geschehen, daß sich derselbe visuelle Prozeß wiederholt. Sie geraten wieder an dieselbe Grenze des Verabscheuens negativer Eigenschaften und Sie kreisen und kreisen, wie auf einem Schicksalsrad. Sie hören nicht auf, sich ständig um einen geheimnisvollen Punkt zu drehen, und werden nicht gewahr, daß sich hinter der Kreisbewegung eine Grenze gegen diese Botschaft befindet. Wenn Sie aus diesem Kreislauf herauskommen wollen, müssen Sie auf die Grenze zugehen und sie überwinden. Allerdings ist das sehr schwierig. Denn an der Grenze ändert sich der Prozeß, wechselt der Kanal, wird Ihre Meditation unruhig und Ihr Bewußtsein getrübt. Hier arbeiten Sie ganz alleine in der Finsternis der Meditation. Ergreifen Sie Ihre Grenzen, halten Sie sie fest und lernen Sie sie kennen.

Das Ergreifen der Grenze

Es gibt verschiedene Möglichkeiten, mehr über diese rätselhaften und unsichtbaren Grenzen zu erfahren, die Ihre Meditation organisieren. Eine Möglichkeit besteht darin, die Prozesse in den Kanälen, in denen sie auftreten, zu amplifizieren bzw. zu verstärken und genau den Moment zu ergreifen, in dem sie den Kanal oder den Inhalt wechseln. Gehen Sie dann zurück und forschen Sie nach, wann und wo der Wechsel stattfand.
Dieser Augenblick des Kanalwechsels ist bemerkenswert; hier treffen Sie auf das Rad des Schicksals, das große Ge-

der Verwirrung und Merkurialität. Um diesen Mo-
greifen zu können, müssen Sie sehr schnell sein. Der
wechsel geschieht so rasch und so unbewußt, daß Sie sehr
geschickt sein müssen, um die Grenze zu fassen, an der der
Wechsel entstand. Grenzen sind ausgesprochen rutschig. Der
einfachste Weg, diese kniffligen Grenzen zu fassen, ist, darüber zu staunen. Auch ist es hilfreich, über folgende Fragen
zu meditieren. Schreiben Sie die Antworten auf und meditieren Sie auch darüber, und Sie werden die Struktur vieler
autonomer Prozesse bei sich selbst verstehen.
1. Welches Bild, Objekt, welche Figur oder Szene können
   Sie fast nicht ertragen anzusehen?
2. Was ist Ihnen unangenehm zu hören? Welche Töne oder
   Stimmen verabscheuen Sie?
3. Auf welche Empfindungen, Gefühle, körperlichen Eindrücke oder Körperteile können Sie sich nur mit Überwindung konzentrieren?
4. Welche Bewegungen scheinen Ihnen verboten zu sein?
5. Welche Beziehungsprobleme würden Sie am liebsten umgehen? Und welche Menschen hassen Sie?
6. Welche Situation in der Welt liegt jenseits Ihrer Möglichkeiten, zu begreifen und zu tolerieren; welcher Situation
   weichen Sie aus?

Träumen im Bereich der Grenze

Wenn Sie die Antwort auf diese Fragen aufschreiben, können
Sie herausfinden oder vermuten, was Sie träumen werden.
Denn Träume bewegen sich um die Grenzen herum, im Bereich der Wechselwirkungen zwischen primären und sekundären Prozessen. Wenn Sie Ihre Grenzen in den verschiedenen Kanälen kennen, können Sie vermuten, welche zufälli-
gen und kreativen Bewegungen, welche Synchronizitäten,
welche Beziehungsprobleme und psychosomatischen Kör-

pererfahrungen Sie haben werden. Indem Sie diese Grenzen aufschreiben, darüber meditieren und nahe daran bleiben, arbeiten Sie an den Kernproblemen, die Ihren Prozeß, Ihren persönlichen Mythos organisieren.

Die Vertrautheit mit Ihren Grenzen kann Sie auch befähigen, folgendes Experiment zu machen. Wenn Sie Ihre Grenzen notiert haben, schreiben Sie Ihren primären Prozeß auf – also das Verhalten, welches durch diese Grenzen in Verwirrung gerät. Wenn Sie eine bestimmte Person nicht mögen, welcher Teil von Ihnen ist es dann, der diese Person nicht mag? Welche Seite Ihres eigenen Verhaltens kann diese Person nicht ertragen? Dies ist Ihr primärer Prozeß.

Der nächste Schritt ist, das I Ging zu werfen. Aber Sie sollten vorher anhand Ihrer Antworten auf die oben erwähnten Fragen versuchen, das Hexagramm herauszufinden. Eine Leserin schrieb: «Ich machte die Übung und versuchte, das Hexagramm herauszufinden. Ich dachte, daß es etwas mit Aggression zu tun haben müßte und erhielt das Hexagramm 6, ‹Konflikt› im I Ging. Als visuelle Grenze hatte ich aufgeschrieben: ‹Abfahrts-Skirennen, Boxen, Krieg und Töten›. In der folgenden Nacht träumte ich von Menschen, die auf das Haus, in dem ich war, mit einer Maschinenpistole schossen und von zwei Männern, die mit ihren Skiern geradewegs einen steilen Abhang hinunterfuhren.» Es ist interessant, festzustellen, daß ihre visuelle Grenze auch eine kinästhetische Grenze (Skifahren), eine Grenze im Weltkanal (Krieg) und eine Beziehungsgrenze (Boxen) einschließt. Diese Übung zeigt, daß die Grenzen in den verschiedenen Kanälen miteinander verwandt sind und Synchronizitäten organisieren, wie das I Ging und die Träume. Wenn Sie Ihre Grenzen kennen, können Sie eine Menge über Ihr Leben vorhersagen!

Definition von Grenzen

Nachdem Sie nun einigen Erfahrungskontakt mit Grenzen gehabt haben, möchte ich diese noch einmal definieren, weil sie so wichtig sind. *Mit «Grenze» bezeichne ich die Erfahrung unserer jeweiligen Beschränkung, den Ort, an dem unser Bewußtsein und die eigene Identität aufhört.* Die am häufigsten anzutreffenden Grenzen kommen im primären Prozeß vor. Eine Feststellung in bezug auf die eigene Identität, etwa: «Das bin ich nicht», weist auf eine Grenze hin. So ist das Überschreiten der Grenze immer eine überwältigende Erfahrung; Sie haben das Gefühl, daß Ihre Identität sich ändert, durcheinandergerät, sich verliert oder herausgefordert wird. Auch sekundäre Prozesse können abgrenzend sein. Wenn Sie ein liebenswürdiger Mensch gewesen sind, wird Ihr sekundärer Prozeß, gegen den Sie normalerweise eine Grenze hatten, härter und weniger sensitiv sein müssen. Sie werden entdecken, daß Sie gar nicht mehr liebenswürdig sein wollen, Sie haben tatsächlich eine Grenze dagegen! Sowohl die primären wie die sekundären Prozesse haben also Grenzen, wodurch sie auch voneinander getrennt gehalten werden. Wenn Sie nun an Ihren Grenzen arbeiten, werden Sie, zumindest für kurze Zeit, frei und fließend sein.

Befreiung

Die Bezeichnung «Erleuchtung» und «Freiheit» beinhalten Flexibilität und Offenheit. «Befreiung» in der Prozeßsprache bedeutet, sich seiner Grenzen bewußt und in der Lage zu sein, sich mit ihnen oder um sie herum zu bewegen. Befreiung bedeutet frei werden von seinen Grenzen zum sekundären Prozeß (Sie können also hart sein, wenn Sie wollen) und zum primären Prozeß (Sie können auch liebenswürdig sein, wenn es nötig ist). Befreiung ist die Loslösung von Grenzen, von in sich kreisenden Prozessen, die Ihnen eine ständig sich wiederholende, hoffnungslose und stumpfsinnige Erfahrung des Lebens vermitteln.

Die Prozeßvorstellungen sehen Befreiung allerdings innerhalb des Paradigmas von Wandlung; nicht als Ziel, das erreicht werden und an dem man festhalten sollte, sondern als vorübergehenden Zustand in einem sich ständig verändernden Kaleidoskop. Es gibt viele Möglichkeiten, diesen Zustand zu erreichen. Sie können Ihre Träume analysieren und die sekundären Prozesse, die Sie brauchen, herausfinden. Sie können mit Hatha-Yoga an Ihren Bewegungsgrenzen arbeiten und sie überwinden. Im letzten Kapitel schilderte ich das Beispiel vom Eisenhans, einer Figur, die an einer meiner kinästhetischen Grenzen aufgetaucht war. Indem ich an ihm arbeitete, ergaben sich mir neue Möglichkeiten, mich über die Grenze hinwegzubewegen. Sie können an Beziehungen arbeiten, die Grenzen entdecken, die Sie von einem anderen Menschen trennen, diese Grenzen überwinden und eine ganz neue Freiheit in der Liebe oder in einer Freundschaft erfahren. Sie können mit der Welt arbeiten, die Sie einschränkenden Grenzen entdecken und anfangen, sich auf diesem Planeten zu befreien.

Arbeit an der Grenze

Ganz einfach Hoffnung und Mut sind vielleicht schon genug, um eine Grenze überwinden zu können. Eine Möglichkeit, sich in der Meditation selbst dabei zu helfen, ist die Vorstellung einer Traumfigur, die die Grenzen, die Sie nicht überwinden können, hinter sich lassen kann. Oder Sie können sich an eine frühere Gelegenheit erinnern, bei der Sie es geschafft haben. Sie können auch im Bereich der Grenze bleiben und abwarten, wie Ihr Prozeß damit umgeht. Der Wunsch nach Freisein von Grenzen wird immer begleitet von einem inneren Muster (wie Ermutigung, einer Traumfigur oder einer Erinnerung) zur Überquerung von Grenzen in unbekannte Bereiche.

Im Grenzbereich brauchen Sie sich nicht durcheinanderbringen zu lassen vom Wechsel der Kanäle oder des Inhalts, sondern Sie können sich ganz wohlüberlegt hin- und herbewegen, Kanäle wechseln oder Ihre besetzten und unbesetzten Kanäle benutzen. Wenn Ihr Geist umherschweift, wechseln Sie ganz bewußt den Kanal. Wenn Sie in einem Kanal steckenbleiben, etwa im auditiven Kanal, wechseln Sie und malen oder tanzen das, was Sie gehört haben.

Grenzen und Symptome

Wenn Sie die Phänomene, die sich an der Grenze ereignen, festhalten, können Sie mit Ihren Sinnen erfahren, wie körperliche Krankheiten, Beziehungsprobleme, eine langandauernde Lebensproblematik und der Mythos Ihrer eigenen Existenz entstehen. Sie treffen hier den Teil Ihrer selbst, der hypnotisiert ist: Die Grenze entsteht aus einer Überzeugung, die der objektiven Realität nicht entspricht.

Lassen Sie mich Ihnen ein Beispiel geben. Ein Mann mit chronischen Blasen- und Prostatabeschwerden beschloß, in der Meditation an seinen Symptomen zu arbeiten. Er berichtete mir folgendes: «Ich meditierte sehr lange. Nach einer Weile begann ich, meine Blase zu fühlen, Beschwerden, die die Ärzte auf eine Prostataerkrankung zurückführen. Diesmal entschloß ich mich herauszufinden, warum ich die Beschwerden nicht ertragen und nicht an meinen Grenzen arbeiten konnte. Ich stellte fest, daß ich ständig durch Lärm gestört wurde. Meine Frau trampelte mit meiner Tochter in den Meditationsraum herein, und beide machten sich über mein so ernsthaftes Sitzen lustig. Sie gingen dann wieder. Ich meditierte über meine Familie als Störung, als sekundären

Prozeß, der nicht zum primären paßt, genauso, wie Sie es immer empfehlen. Ich dachte, sie müßte der sekundäre Prozeß sein, aber ich konnte noch nicht ganz verstehen, wie alles zusammenhing. Sollte meine Ernsthaftigkeit sie stören? Wie könnte sie ‹der Weg› sein?

Ich machte weiter. Ich entschloß mich, nicht aufzustehen und Wasser zu lassen, sondern mich von meiner Körpererfahrung an eine Grenze bringen zu lassen. Ich saß und saß und die propriozeptive Erfahrung des Blasendrucks wurde immer stärker. Ich hatte das Gefühl, ich müßte explodieren. Ich bekam Angst, daß ich platzen könnte und sterben würde. Ich beschloß weiterzumachen. Plötzlich war ich angefüllt von einem ungeheuren roten Gefühl und wurde zum Ballon, der herausplatzte – heraus aus all meinen Hemmungen, heraus sogar aus der Welt.

Freiheit, ein Gefühl von unermeßlicher Freiheit und Glück erfüllte mich! Ich atmete tief durch. Ich stand auf und tanzte, weinte vor Glück und drehte mich herum wie ein Verrückter. Da wußte ich, daß die Todesangst, die mich mein ganzes Leben gequält hatte, daß all meine Anstrengungen und Verkrampfungen für eine sichere Position meiner Person auf dieser Erde überflüssig gewesen waren. Ich wußte, daß meine Freiheit eine Befreiung von diesem Sicherheitsbedürfnis war.

Ich rannte in die Küche, wo meine Familie saß, und völlig überstürzt sagte ich ihnen, daß wir alle in die Ferien gehen würden. Zuerst dachten sie, ich sei übergeschnappt, aber dann stimmten sie alle mit großem Vergnügen zu!

Es fiel mir schwer zuzugeben, daß ich ihr Auslachen gebraucht hatte, daß sie recht damit hatten, wie übertrieben ernsthaft ich war, und dies nicht nur beim Meditieren, sondern auch in vielen anderen Bereichen. Zu meinem Erstaunen lachten sie diesmal nicht, wie sonst immer, sondern meine Frau weinte, und wir weinten schließlich alle zusammen. Die geplante Prostataoperation wurde zunächst verschoben, denn die Krämpfe in diesem Bereich waren verschwunden.»

Der Bericht dieses Mannes zeigt, daß seine erste Grenze die Erforschung von Schmerz und Druck in seiner Blase war. Wahrscheinlich hatte er Angst, zu explodieren oder zu sterben, wenn er in diese Gefühle hineingehen würde. Die zweite Grenze, die er überwand, war die Überzeugung, daß er verantwortlich sei für den Fortgang des Lebens. Er dachte, er würde sterben, wenn er sich für seine Sicherheit nicht einsetzen würde. Was er als Blasen- oder Prostatakrämpfe bezeichnete, erlebte er in der Meditation als Druck, mit dem er versuchte, das zwanghafte Sicherheitsbedürfnis zu durchbrechen.

Kanalwechsel und Weiterentwicklung

Prozesse wechseln und bringen Sie durcheinander, weil sie zu Grenzen hinführen, aber auch, weil sie durch den Drang nach Bewußtseinsentwicklung in bisher unbenutzten Kanälen organisiert werden.

So begann zum Beispiel eine Frau während der Meditation zu dösen. Plötzlich hatte sie die Vision von einem Blitzschlag. Das versetzte ihr einen Stoß und sie wachte auf. Als sie sich auf diese Vision konzentrierte und sie amplifizierte, sagte plötzlich eine Stimme: «Töte die Vergangenheit – wie ein Blitzschlag.» Aber sie war immer noch zu müde, um dieser Aufforderung zu folgen; sie war an einer Grenze. So fuhr sie fort zuzuhören, das Gehörte für sich zu wiederholen und den Ton der Stimme zu amplifizieren. Ihre Müdigkeit kam wieder und nun konzentrierte sie sich auf ihren Körper. Sie fühlte ihn und nahm wahr, daß sie sich in eine bestimmte Yogahaltung hineinbegab, die «Fisch» genannt wird (s. Abb. 9). Sie führte diese Haltung aus, amplifizierte sie, indem sie ihr Becken noch mehr öffnete, und plötzlich bemerkte sie einen Ausschlag in ihren Leisten. Sie machte eine Entdeckung. Der Blitz zeigte sich nun in ihrer Leiste als feuriger Ausschlag.

Dieselbe Botschaft erschien also in der Vision, in der Stimme und in dem Ausschlag; die Frau kam an die Grenze eines Kanals und die Botschaft tauchte in einem anderen Kanal wieder auf. An diesem Punkt angelangt, sprang sie auf und war bereit, die Veränderungen zu erwägen, die wichtig waren für ihr Leben.

Ihre Meditation hatte mit Ermüdung begonnen, also einer Körpererfahrung. Sie amplifizierte diesen Prozeß, ließ ihn in eine Vision überwechseln, und an der Grenze der Vision des Blitzschlags trat ein Kanalwechsel ein und sie hörte eine Stimme, die ihr sagte, daß sie sich ändern müsse. Was sich in der Stimme verkörpert hatte, trat dann in ihrer Propriozeption als Ausschlag auf, und zum Schluß in ihrer Bewegung, mit der sie aufsprang und bereit war, sich zu ändern.

Von einem kausalen Gesichtspunkt aus kann man sagen, daß Kanalwechsel auftreten mußten, weil sie unfähig war, ihre alten Muster zu ändern. Aber dieser Gesichtspunkt ist zu einengend. Im nachhinein können wir einen Nutzen in diesen Kanalwechseln sehen: Sie setzten sie unter Druck, sich selbst in verschiedenen Bewußtseinsbereichen wahrzunehmen. Der Ausschlag setzte sie unter Druck, ihren Körper wahrzunehmen, der Blitzschlag, klar zu sehen, und die Stimme, auf sich selbst zu hören. Es ist denkbar, daß sie ihren Ausschlag auch durch eine raschere Bereitschaft zur Veränderung hätte beeinflussen können. Aber Heilung und Verhaltensänderungen sind nicht die einzigen Ziele unseres Prozesses. Das Prozeßbewußtsein und die Fähigkeit, die Welt und sich selbst auf viele verschiedene Arten wahrzunehmen, gehören zu den wichtigsten Zielen von Kanalwechseln und Grenzen.

Beginnen Sie nun wieder, zu meditieren. Fragen Sie sich: «In welchem Kanal befinde ich mich?» Machen Sie den Kanal ausfindig und amplifizieren Sie die Ereignisse, die darin geschehen. Wenn Sie plötzliche Inhaltsänderungen oder Kanalwechsel bemerken, überprüfen Sie, ob eine Grenze bestand. Wollten Sie etwas vermeiden oder war etwas zu großartig, als daß Sie es hätten glauben können? Wenn Sie Schwierigkeiten haben, Grenzen zu entdecken, folgen Sie einfach dem Kanalwechsel, erhöhen Sie Ihre Aufmerksamkeit und lernen Sie Ihre unendlichen Fähigkeiten kennen, die Welt durch verschiedene Kanäle zu erfahren.

Veränderte Bewußtseinszustände

Genau der Prozeß, der sich hinter Ihrem umherschweifenden Geist verbirgt, kann zum lebensrettenden Instrument werden, wenn Sie in einer langen Meditation stecken bleiben oder einen unlösbaren Punkt erreicht haben. Ein umherschweifender Geist ist ein unbewußter Versuch, einen bestimmten Zustand zu verändern. In diesem Kapitel möchte ich über veränderte Bewußtseinszustände sprechen, als hilfreiche Methode, um mit allen möglichen Problemen der Meditation, aber auch unabhängig davon, umgehen zu können.

Wenn das Gegenteil des Umherschweifens eintritt, wenn Ihr Prozeß sich zentriert und an einem angstmachenden und unmöglichen Problem haften bleibt, stecken Sie in einer unentwirrbaren Situation. In analytischen Kreisen heißt das, von einem Komplex erfaßt zu sein: das ständig wiederkehrende Hören derselben Stimme, das Sehen desselben Gesichtes, das Empfinden derselben Traurigkeit. Ihre Fähigkeit, diesen schwierigen Punkt prozeßorientiert zu bearbeiten, ist unabhängig vom Inhalt des Komplexes. Wenn Sie die Prozeßstruktur dessen, was sich ereignet, kennen, können Sie mit sich selbst arbeiten.

Meistens bleiben Sie in einem bestimmten Kanal stecken. Und wenn Sie in einem kaum vertrauten Kanal blockiert sind, geht es Ihnen wie einem Menschen im Ausland, der die Sprache dieses Landes nicht kennt. Die Eigenheiten dieses Kanals – seine Sprache – überwältigen Sie. Die meisten Menschen nehmen ihre mißliche Lage gar nicht wahr und merken nur, daß sie krank oder verrückt werden, oder an den Rand des Todes kommen. Oder, weniger schwerwiegend, sie könnten depressiv werden oder unfähig, mit der Meditation fortzufahren. Ich schlage Ihnen vor, Ihre Grenzen zu entdecken, herauszufinden, wie sie Ihren Prozeß strukturieren, sie zu untersuchen und zu überwinden und, vor allem, zu lernen, wie man den *Kanal wechseln kann*! Lassen Sie mich erklären, wie man das macht.

Kanalwechsel

Verrückt werden im unbesetzten Kanal. – Visuell orientierte Menschen verlieren sich meistens in ihrem chaotischen, unbekannten und unbesetzten propriozeptiven Kanal. Sie fürchten, sie könnten ersticken, ihr Herz würde aufhören zu schlagen, oder sie könnten plötzlich gelähmt sein. Propriozeptive Menschen wiederum haben Angst vor dem Wahnsinn gräßlicher Visionen oder unerträglicher Geräusche; bewegungsbegabte Menschen fürchten die Zudringlichkeit anderer oder die unmöglichen Aussagen innerer Stimmen; und Menschen, die im Beziehungsbereich begabt sind, fürchten sich häufig, von inneren Szenen und Stimmen beherrscht zu werden.

Kanalwechsel. – Die Techniken des Kanalwechselns können in solchen Situationen sehr hilfreich sein. Wenn Sie meditiert haben, kennen Sie den Kanal, in dem Sie steckengeblieben sind, und können ihn wechseln. Das einfachste und wirkungsvollste Wechseln eines Kanals besteht im Übertragen Ihrer Erfahrungen aus einem unbesetzten in einen besetzten Kanal. So kann beispielsweise ein musikalischer Mensch versuchen, eine erschreckende Vision zu hören, sie in eine Symphonie umzuwandeln und sie dann auditiv weiter zu prozessieren.
Ein visueller Mensch könnte eine Bewegung, die ihn sonst

erschrecken würde, in den Sehkanal übertragen. Ein kinästhetischer oder ein propriozeptiver Mensch könnte einen
furchtbaren Dialog in eine lokalisierte Körpererfahrung um-
wandeln, zum Beispiel in einen Kampf zwischen beiden
Händen. Er könnte auch ein schwieriges Beziehungsproblem
im Körper erfahren und es durch Körperarbeit lösen. Ein
visueller oder auditiver Mensch könnte ein unangenehmes
Körpersymptom zuerst fühlen und es dann in ein Lied oder
ein Bild transformieren.

Eine Frau wurde von Angst und Panik überwältigt, die sie als
unkontrollierbares Zittern im Körper fühlte. Sie war ein visueller Typ, weshalb ich ihr empfahl, den Kanal zu wechseln
und das Sehen zu benutzen. Sie machte ein Bild von einer
zitternden, erschreckten Person und erzählte eine Geschichte
dazu. Dies brachte den Prozeß aus ihrer unbesetzten Propriozeption in den visuellen Kanal und ermöglichte ihr so,
mit dem, was ihr zugestoßen war, kontrolliert zu arbeiten.

Ein Mann, der auditiv war, dachte während einer Meditation,
daß er an seiner unbesetzten Propriozeption sterben würde,
die ihn mit Erstickung in Form einer allergischen Attacke
bedrohte. Ich drängte ihn, auf seine Atmung zu achten und
mir die Geräusche zu schildern. Er hörte, wie jemand versuchte, an einem kalten Tag einen Motor zu starten. Diese Phantasie erinnerte ihn an seine Schwierigkeiten, eine eisige, kalte
Beziehung in Gang zu bringen. Während er hierüber sprach,
verschwand die allergische Attacke. Sein Prozeß hatte versucht, ihm einen Kanal zu eröffnen, der ihm noch fremd war.

Eine Frau hatte während des Meditierens einen Asthmaan-
fall und fürchtete um ihr Leben. Der Anfall ließ nach, als sie,
dazu ermutigt, eine Geschichte erzählte, in der es um Leben
und Tod ging. Plötzlich entdeckte sie, wie sehr sie sich danach sehnte, noch etwas Intellektuelles zu schreiben, bevor
sie sterben würde. Sie war von einem Körpergefühl zu einer
auditiven Erzählung übergegangen und konnte so ihre Situation zwischen Leben und Tod sinnvoll prozessieren.

101

Ein bewegungsorientierter Mann verlor sich in seinem auditiven Kanal: er dachte, eine Stimme würde ihn zum Wahnsinn treiben. Aus diesen Halluzinationen brachte er sich heraus, indem er die Stimme und die dahinter stehende Persönlichkeit in einen Tanz umsetzte.

Es ist schwierig, den gerade geschehenden Prozeß zu würdigen, seine Botschaft anzunehmen und gleichzeitig dem inneren Beobachter genug Sicherheit zu geben, ihn zu vollenden. Der Wechsel aus einem unbesetzten in einen besetzten Kanal ist bestimmt eine nützliche Art, diese Sicherheit zu schaffen, ohne die Botschaft des Traumkörpers zu unterdrücken.

Was geschieht eigentlich beim Wechseln der Kanäle? Das Wechseln verwandelt und übersetzt eine unannehmbare Botschaft oder eine unmögliche Sprache in etwas Annehmbares, nicht durch Veränderung des Gehalts, sondern durch Schaffen einer neuen Sprache, die man beherrscht.

Daraus ergibt sich eine überraschende Erkenntnis. Die manchmal erschreckende und unmögliche Natur des Unbewußten hängt mit der Unfähigkeit des Einzelnen zusammen, mit der Fremdartigkeit eines Kanals umzugehen, und fast nie mit der Unmöglichkeit der Botschaft!

Die Kundalini. – Das erinnert mich an den Traum einer Frau von einer schreckeneinflößenden Schlange, die sich ihr nähern wollte. Sie wachte mit einem Schock auf. Als sie zu meditieren begann, fühlte sie die Schlange in ihrem Körper in Form eines nicht zu beeinflussenden Zitterns. Diese Empfindung war so unerträglich, so automatisch und unkontrollierbar, daß sie in Panik geriet. Mutig machte sie die Schlangenerfahrung durch, solange sie konnte, wechselte dann in den Bewegungskanal, der ihr als Tänzerin vertraut war und begann, das Zittern ihres Körpers in eine Choreographie umzuwandeln. Sie ging hin und her, von der Bewegung zu dem propriozeptiven Zittern und zurück. Nachdem sie eine halbe Stunde hin und her gewechselt hatte, strahlte das Vibrieren in ihren ganzen Körper aus, und sie begann einen so überwältigend schönen Tanz, wie ich ihn noch nie gesehen hatte. Die Schlange war ihr authentischer Tanz, ihr brennendes Selbst, ihre Traumkraft, die zum Leben durchbrach. Sie hatte eine Kundalini-Erfahrung, die Erfahrung, aus ihrem tiefsten Wesen heraus bewegt zu werden.

Der Verbündete des Kriegers

Castanedas Schamane, Don Juan Matus, gebraucht ein interessantes und hilfreiches Bild zur Beschreibung der großen Komplexe und Störungen im Leben. Er spricht von «Verbündeten» und «Schutzschilden». Normalerweise treffen die Menschen ihren Verbündeten nicht während der Meditation, aber manchmal kommt es doch vor, wie in dem eben erwähnten Traum von der Schlange. Nach Don Juan ist der Verbündete eine besondere Kraft, die Weisheit Ihres Unbewußten, die Ihnen helfen und Sie führen kann im Leben, wie das kein menschliches Wesen könnte. Während der Meditation erscheint der Verbündete meistens in Form einer schreckeinflößenden Attacke, zum Beispiel als plötzliche Körpersymptome, Stimmen, Halluzinationen, Bewegungen oder Visionen, oder als Synchronizität.

Der Krieger im Mythos zähmt seinen Verbündeten, nimmt ein Geheimnis aus dieser verwirrenden Situation mit und macht ihn zum Partner, indem er mit ihm kämpft. Nach schamanistischer Überlieferung rüstet sich ein Krieger zu diesem Kampf, indem er Fähigkeiten entwickelt, dem Unbekannten zu begegnen, und indem er Schutzschilde schafft. Das Wechseln in einen Hauptkanal könnte ein solcher Schutzschild sein, den er benutzt, wenn er sich überwältigt fühlt. In der Prozeßsprache wird die schamanistische Begegnung mit dem Verbündeten ausgedrückt durch das Treffen auf ein starkes Signal oder auf eine erschreckende Erfahrung in einem unbesetzten Kanal. Dabei geht es nicht nur darum, auf eine Erfahrung zu stoßen und sie zu integrieren, sondern mit dem unbekannten Kanal vertraut zu werden, sich in ihm zuhause zu fühlen. Der Weg des Kriegers wäre, hin und her zu wechseln zwischen den besetzten und den unbesetzten Kanälen.

Übungen. – Der Schild des Kriegers mag hilfreich sein; aber Sie erhalten ihn nicht gebrauchsfertig. Er ist etwas, was Sie entwickeln müssen, *bevor* Sie auf den Verbündeten treffen! Techniken zum Wechseln der Kanäle können genauso entwickelt werden, wie Sie vielleicht joggen, um Ihre Kondition zu kräftigen.

Der Wechseln von der Körperwahrnehmung zum Sehen kann geübt werden, indem Sie zuerst Ihre inneren Körpereindrücke spüren und dann ein Bild daraus machen. Wenn Sie zum Beispiel müde sind, versuchen Sie, das Bild eines müden Menschen in einer bestimmten Situation vor sich zu sehen, und Sie werden die symbolische Bedeutung Ihrer Müdigkeit erfahren. Nehmen Sie das Körpergefühl, das Sie jetzt gerade haben, und machen Sie einen Ton oder eine Bewegung, die ihm entspricht. Wenn Sie von einem Geräusch oder einer Stimme gequält werden, können Sie sie dann in Ihrem Körper fühlen? Wo? Bewegen Sie die Erfahrung der Stimme weiter. Können Sie ein Bild davon machen?

Das gleiche kann mit Visionen geschehen. Denken Sie an ein Bild oder an eine Szene, die Ihnen Mühe macht. Hören Sie auf die Geräusche, die diese Bilder begleiten, aber schauen Sie die Bilder nicht an; hören Sie nur zu. Sie können auch einen Teil Ihres Körpers nehmen, der dem Bild entspricht und es hier prozessieren. Genauso können Sie mit Träumen arbeiten. Nehmen Sie eine Traumfigur oder eine Szene, bringen Sie sie in Verbindung mit einem Körperteil und arbeiten hier mit ihr. Im nächsten Kapitel werde ich dies genauer beschreiben.

Störungen. – Die meisten Störungen treten in unbesetzten Kanälen auf. Stellen Sie sich vor, Sie seien mitten in einer Yogaübung und genießen den Himmel auf Erden, so etwas ähnliches wie Samadhi. Dann fängt ein Hund im Meditationsraum an, zu bellen. Sie haften inzwischen an Ihrem propriozeptiven Samadhi-Erlebnis und finden den Hund abscheulich. Aber etwas Neues möchte sich in Ihnen ereignen. Störungen sind sekundäre Prozesse, denen Sie wahrscheinlich nicht entgehen können. Hören Sie den Hund und wechseln Sie den Kanal, fühlen Sie ihn in Ihrem Körper und machen Sie die dazugehörigen Bewegungen. Vielleicht finden Sie sich dann in einem Zustand, den Sie schon lange gebraucht haben.

Veränderte Bewußtseinszustände

Im Kapitel über den Paradigmenwechsel in der Meditation habe ich kurz über veränderte Bewußtseinszustände gesprochen. Ich erwähnte, daß Sie zwei Prozesse haben, einen primären und einen sekundären. Der primäre Prozeß ist der, mit dem Sie sich identifizieren, der sekundäre ist der, der Ihnen anscheinend zufällig zustößt wie der bellende Hund oder eine plötzliche Stimme in Ihrem Ohr oder Bauchschmerzen. Der sekundäre Prozeß ereignet sich oft in den Kanälen, die Sie nicht unter Kontrolle haben oder selten benutzen oder mit denen Sie sich nicht identifizieren.

Wenn Sie zum Beispiel als ein erfolgreich im Beruf stehender Mensch morgens zur Arbeit fahren und durch einen Unfall aufgehalten werden, ist Ihr primärer Prozeß, ein im Beruf erfolgreicher, pünktlicher Mensch zu sein, während der sekundäre Entspanntsein und Langsamwerden veranlaßt. Der sekundäre Prozeß stößt Ihnen zu; er stört, überrascht und belästigt Sie. Sie sollten das nicht vergessen, wenn Sie meditieren. Wenn Ihnen etwas zustößt, können Sie, wenn Sie beweglich sind, Ihren Bewußtseinszustand verändern, indem Sie den sekundären Prozeß aufgreifen. Bewußtsein in seiner herkömmlichen Bedeutung bezieht sich auf Ihren primären Prozeß, denjenigen, mit dem Sie sich identifizieren und der sich nicht stören lassen will.

Wenn Sie meditieren, ist es normalerweise Ihr primärer Prozeß, der meditieren will. Es mag sehr angenehm sein, erleuchtet zu werden, Ihren Meditationslehrer zufriedenzustellen, ein besserer Meditationsschüler zu sein als irgend jemand sonst, eine großartige Erfahrung zu machen, zu entspannen oder weise zu werden. Was auch immer Ihr primärer Prozeß ist, Sie können ihn erkennen durch Vergleichen mit dem, was Sie stört. Vielleicht besteht Ihr störender sekundärer Prozeß im Bedürfnis zu schlafen, während der erste meditieren möchte. Wer in Ihnen möchte schlafen? Wenn Müdigkeit propriozeptiv ist, machen Sie ein Bild von dieser Empfindung, und sehen Sie, wer diese Person ist. Sie könnten sich selbst überraschen und sogleich aufwachen.

Eine Meditation, die Spaß macht. – Primäre und sekundäre Prozesse ändern sich im Lauf der Zeit, und können sogar innerhalb von fünf Minuten wechseln. Wenn Sie feststellen, daß Sie in der Meditation starr an Ihrem primären Prozeß festhalten, dann tun Sie das ruhig, aber achten Sie darauf, wie Sie es tun. Setzen Sie es bewußt fort und lassen Sie nichts anderes zu. Achten Sie darauf, wie Ihre Muskeln arbeiten, um das zu tun, und machen Sie ein Bild von dieser Erfahrung. Gestalten Sie Ihren primären Prozeß ganz bewußt. Beachten Sie, welche Kanäle Sie dazu benutzen und welche Sie auslassen. Das könnte viel Spaß machen. Wenn Sie dann Ihren primären Prozeß kennen, benutzen Sie Ihre unbesetzten Kanäle, um die Zustände zu verändern. Sie können das immer tun, während Sie mit Menschen zusammensitzen, während des Autofahrens, oder während Sie allein meditieren. Alles kann für den Meditierenden Meditation sein.

Was geschieht eigentlich, wenn Sie Ihren Zustand verändern? Ihre Konzentration oder Ihr Bewußtsein verändert sich und hat einen sekundären Prozeß beleuchtet, den Sie bisher nicht beachtet hatten. Es hat sich nichts geändert, außer Ihrem Bewußtseinsschwerpunkt. In der Meditation arbeiten Sie daran, diesen Brennpunkt wahrzunehmen, ihn zu erweitern, ihn toleranter und fähiger zu machen, mit dem Leben und seinen Störungen umzugehen.

Momentan bin ich zum Beispiel damit identifiziert, mit Ihnen zu sprechen. Ich höre mich selbst sprechen, während ich schreibe. Und gleichzeitig bemerke ich, daß dieser primäre Prozeß von einem sekundären gestört wird: Barbara kommt herein, weil sie im Haus arbeiten will. Was mich betrifft, fühlt sich mein Körper so, daß er am Strand laufen möchte. Ich denke, es ist Zeit, mein Bewußtsein zu verändern, Kanäle zu wechseln, mich zu bewegen. Jetzt werde ich Kanäle wechseln und meine Identität ändern. Bis dann.

Leiden

Alle Formen des Leidens haben zumindest einen Wesenszug gemeinsam. Der Leidende ist das Opfer einer Sache oder einer Person, die das Leiden hervorruft, eines bösen Verfolgers. Die Menschen gehen sehr unterschiedlich mit dem Leiden um. Sterbende kämpfen gegen ihr Schicksal an, zumindest am Anfang. Später können Träume und Körpererfahrungen sie veranlassen, ihr Schicksal anzunehmen und aufzuhören, gegen ihr Leiden zu kämpfen.

Es ist sehr ungewöhnlich, daß die Menschen bewußt dem Teil in ihnen, der ihr Leiden verursacht, wohlwollend gegenüberstehen oder sich mit ihm identifizieren. Alle neigen dazu, am primären Prozeß festzuhalten: sie hassen den Verfolger. Jedoch, allerdings unbewußt, wird jeder selbst zum Verfolger und leidet dann, ohne zu wissen, warum.

107

Die Unfähigkeit zu meditieren. – Solange Sie sich unbewußt mit dem Leidenden identifizieren und den Schmerzerzeuger nicht wahrnehmen, haben Sie das Gefühl, festgefahren zu sein. Dies und die Tatsache, daß Sie das Leiden nicht vollständig durchleben, sind zwei Gründe für fortwährendes Leiden. *Wenn Sie nicht fähig sind, zu meditieren, haben Sie den Standpunkt des außerordentlich wichtigen Metakommunikators, der mit dem gesamten Prozeß arbeiten kann, verloren und haben sich mit einem Teil des Opfer-Täter-Dramas identifiziert* (s. Abb. 13).

Abb. 13: Der Nachtmahr von Heinrich Füssli (1781)

Ein Großteil der Menschen, die schwer leiden, sagen, daß sie nicht meditieren können. Ihr Problem ist, daß sie sich damit identifizieren, das Opfer eines Schmerzerzeugers zu sein, und sie vermeiden es, sich damit auseinanderzusetzen. Wie kommt es, daß ein einfacher Kanalwechsel, wie zum Beispiel das Erzählen einer Geschichte von einer leidenden Person, diesen Menschen so viel hilft? Vom Gesichtspunkt des Prozesses aus ist die Erklärung einfach. Es geht ihnen besser, weil sie ihre Identität gewechselt haben. Sie betrachten sich nicht mehr als Leidende, sondern sie sind objektive Beobachter, schöpferisch Tätige, Geschichtenerzähler geworden. Jung sagte oft, daß eine Möglichkeit, Leiden zu vermindern, darin bestehe, einen Sinn hinter bestimmten Schwierigkeiten zu entdecken. Dasselbe gilt für das Entdecken des Metakommunikators oder objektiven Beobachters, der sich außerhalb des Täter-Opfer-Dramas befindet. Wenn Sie sich nur mit einem Teil Ihrer selbst identifizieren, gibt es keinen Metakommunikator, keinen, der mit diesem Teil arbeiten kann. Sie sind so nicht in der Lage, sich zum Weiterforschen oder gar zum Amplifizieren des Leidens zu entschließen, weil Sie selbst das Leiden sind. Einer der Gründe für die Arbeit an sich selbst ist die Entwicklung der Beziehung zu vielen Ihrer Persönlichkeitsanteile und die Fähigkeit, sich in sie hineinzubegeben und sie sich entfalten zu lassen.

Je mehr Sie an sich arbeiten, umso weniger werden Sie sich mit nur einem Teil Ihrer selbst identifizieren und umso mehr werden Sie metakommunizieren können. So werden Sie sich an die Möglichkeit des Kanal- und Identitätswechsels erinnern und sich tiefer in die Botschaft und Geschichte des Leidens hineinbegeben, selbst wenn eine schwierige Schicksalsentwicklung Sie überwältigt hat. Sie können sich zum Beispiel elend fühlen und doch fähig sein, sich ein Bild von einem anderen Leidenden zu machen und eine Geschichte dazu zu erzählen. Ich denke, das größte Geschenk der Meditation ist, daß sie selbsttätig funktioniert und unvermindert in allen Seinsbereichen weitergeht – im Wachen, im Schlafen und sogar im Koma.

Ein Beispiel von Krankheit. – Wenn jemand krank ist, kann er träumen, es gehe ihm gut, oder er kann Augenblicke von Wohlbefinden während der Meditation erleben. Das ist möglich, weil der Schmerz, wie jeder andere Prozeß, nur einen Teil der Persönlichkeit betrifft. Wenn der Leidende meditiert, erscheint der Erzeuger des Leidens als ein Teil des Körpers, als eine Traumfigur oder als ein Geist. Dieser Teil, der «Krankheitsmacher», fühlt *keinen* Schmerz. Wenn Sie wechseln und mit dem Schmerzverursacher arbeiten, statt nur mit dem primären Prozeß, dem Opfer, dann können Sie mit Ihrem eigenen Kranksein arbeiten, Ihre Symptome amplifizieren und deren Bedeutung herausfinden. Häufig verschwinden sie, wenn ihre Bedeutung erkannt wurde.

Das erinnert mich an eine Frau in einem meiner Seminare, die eine sehr schmerzhafte Halsentzündung hatte. Anfangs lag sie nur herum und litt an Fieber und Erschöpfung. Plötzlich erinnerte sie sich, daß sie meditieren könnte, und sie entschloß sich, unmittelbar an ihre Schmerzen heranzugehen. Sie hatte das Gefühl, daß ihre Halsschmerzen wie ein eiskaltes, scharfes Metallstück waren. Dies war ein Kanalwechsel von der Propriozeption zur Visualisation. Sie fühlte den durch dieses Instrument verursachten Schmerz und konnte nicht an ihrem Prozeß weiterarbeiten. So entschloß sie sich, ihre Identität zu wechseln und wurde selbst zu dieser Waffe aus Metall. Die Botschaft der Waffe war: «Du bist zu nett und zu sanft! Steh' auf und hör' auf, Angst zu haben, wenn du deine Meinung zur Sprache bringen sollst!» Zu meiner Überraschung integrierte sie die Botschaft durch Streiten mit dieser Stimme selbst. Sie wurde hart und metallisch zu ihr und entschloß sich, ihre Meinungen aufzuschreiben und sie nicht mündlich auszudrücken. Ihre Halsschmerzen waren augenblicklich verschwunden.

Leiden in Beziehungen. – Eine der wesentlichen Erfahrungen in Beziehungsschwierigkeiten ist, daß Sie das Opfer eines anderen Menschen sind, der gemein zu Ihnen ist, der Sie verraten oder Sie ganz kalt verlassen hat. Dieser andere wird zum sekundären Prozeß. Wenn Sie schwerwiegende Beziehungsprobleme haben, stehen Sie unter Druck, ständig an den anderen zu denken, ihn zu hassen, zu lieben, ihn zu vermissen oder ihm aus dem Weg zu gehen, sowohl innerhalb, wie auch außerhalb Ihrer Phantasien. Introvertiertes Arbeiten an diesen Problemen in der Meditation kann Sie sehr erleichtern. Eine Möglichkeit ist, sich als das Opfer zu fühlen, während der andere Ihr Verfolger ist. Das tun Sie sowieso ständig, aber jetzt tun Sie es absichtlich und ganz bewußt. Eine andere Möglichkeit ist, die Identität zu wechseln und zu versuchen, der sekundäre Prozeß zu sein, der Sie schweres Leid durchmachen läßt.

Das Identifizieren mit der anderen Seite des Beziehungsproblems macht aus Ihnen eine Mischung von primärem und sekundärem Prozeß. Ich empfehle sehr, dies zu versuchen, denn wenn Sie es nicht tun, werden Sie sich selbst und anderen gegenüber unbewußt der Böse sein und das ist weit weniger konstruktiv, als dies bewußt zu sein.

Lassen Sie mich Ihnen eine amüsante Geschichte erzählen. Während des Sommers mußte ich sehr viele Menschen sehen. Ich fing an, mich als ein Opfer der Öffentlichkeit zu fühlen. Schließlich war es mir möglich, ein wenig Frieden und Einsamkeit durch den Rückzug in ein Strandhaus zu finden. Und dann plötzlich klopfte es eines Morgens laut an meine Türe. «Verflixt», sagte ich, «kein Telefon und kein Briefkasten, wie kann irgend jemand mich hier überhaupt finden?» Und herein kam eine verlorengeglaubte Freundin. Ich war wütend. Warum lächelte ich dann, als ich sie schließlich nach ein paar Stunden bat, zu gehen?

Später meditierte ich darüber und merkte, wie ich mich mutwillig auf Barbara konzentrierte, die meditierte. Ich kam mir vor wie ein Trickster und entschloß mich, sie zu stören. Nun wurde sie mein Opfer, und ich war der Böse! Sie regte sich auf und bat mich, still zu sein. Ich meditierte wieder, als der Trickster erneut auftauchte und sagte: «Du Trottel, du solltest dich nicht wegen mir entschuldigen, sondern mich integrieren. Ich war derjenige in dir, der lächelte, als deine verlorengeglaubte Freundin ging, weil ich mich über ihren Besuch gefreut habe. Sie ist, wie ich, ein Ruhestörer! Es macht Spaß, Unruhe zu bringen, versuch' es!»

Traum- und Körperarbeit
an sich selbst

In der vergangenen Nacht träumte ich, daß eine Frau mir
eine schöne, alte chinesische Laterne gab. Sie war klein, etwa
so groß wie eine Hand, lang und rechteckig, mit winzigen
Ornamenten bemalt. Und diese kleine Laterne sollte ganz
speziell über dem Telefon und der Teekanne in meinem Ar-
beitszimmer hängen. Ich brauche die Teekanne oft, wenn ich
arbeite, denn ich trinke gern Tee, sowohl allein als auch mit
meinen Klienten.
Nachdem ich erwacht bin, denke ich, daß dies ein wunderschöner Traum war, aber was mag er bedeuten? Was verbin-
de ich mit meinem Telefon? Ich mag es nicht! Ständig klingelt
es, und ich kann damit nicht umgehen. Statt eine Sekretärin
ganztags anzustellen, habe ich einen Anrufbeantworter gekauft. Und meine Teekanne? Ich liebe sie wahrhaftig. O,
diese Teekanne ist die Quelle vieler inspirierender Kontakte
mit anderen Menschen gewesen. Es ist ein echtes Ritual,
befriedigend und erholsam, mit einem anderen Menschen
Tee zu trinken. Manchmal habe ich sogar Phantasien über
einen Zen-Teetrinker, der aus dem Teetrinken eine Kunst
macht.
Was könnte dieser Traum mit mir zu tun haben? Ich habe
mich gerade für eine Woche in die Berge zurückgezogen, um
dem Telefon zu entkommen, und bin ganz allein. Bedeutet
der Traum, daß ich in meinen Beziehungen oder in meiner
Arbeit liebevoller sein sollte? Meine intellektuellen Vermu-
tungen scheinen richtig, doch sie überzeugen mich nicht.
Da ich in einer meditativen Stimmung bin, werde ich die
Schreibmaschine verlassen und spazierengehen. Ich lasse

das, was ich gerade tue, liegen und untersuche meinen *Traumprozeß*. Meine Theorie ist, daß man einen Traum nur dann vollständig verstehen kann, wenn man seinen eigenen Traumprozeß auch gefühlsmäßig erfaßt. So fange ich an und stelle fest, daß ich hinausschaue und die Sonne genieße, die vom tiefblauen Himmel strahlt und die schneebedeckten Berggipfel beleuchtet. Ich setze mich und genieße diesen Anblick. Ich liebe es, hier zu sein.

In diesem Moment erkenne ich die Bedeutung des Traumes als bildliche Darstellung des Prozesses, den ich gerade durchmache. Der Traum bedeutet, was er abbildet: eine chinesische Laterne, die den chinesischen Weg, das Tao, erleuchtet, beherrscht mein Telefon und meine Verbindungen. Jetzt gerade hat der Traum mit meinem Schreiben zu tun; er ist Zeichen meines Kontaktes mit Ihnen, meinem Leser.

Während ich an diesem Buch schreibe, werde ich oft müde. Ich sollte spazierengehen, mich an den Bergen erfreuen, dann zurückkommen und wieder mit Ihnen sprechen. Aber nein, da habe ich eine Grenze. Ich habe die Tendenz, zu lange zu telefonieren, habe Mitleid mit jemandem, der Hilfe braucht, und tue so, als hätte ich genug Energie dafür. Schließlich komme ich mir vor wie ein leidendes, von seinen Mitmenschen mißbrauchtes Opfer! Mein primärer Prozeß ist, zu helfen; mein sekundärer dagegen, ein Taoist zu sein und meiner Müdigkeit nachzugeben.

Paradigmen in Traum- und Körperarbeit

Das Paradigma, das in der vorangegangenen Traumarbeit enthalten ist und dem ich folge, wenn ich mit Träumen oder Körperproblemen arbeite, ist, daß ich nicht weiß, was «Traum» oder «Körper» bedeutet. Wenn mir also jemand einen Traum erzählt, denke ich mir, daß das Wort «Traum» ein allgemeiner Begriff ist, der nicht mehr bedeutet als ledig-

114

lich die Erfahrung eines Menschen, der schläft. So höre, sehe und fühle ich nach, um herauszufinden, was dieser individuelle Mensch vor mir mit diesem Wort «Traum» meint.

Ich beschränke meine Theorien auf ein Mindestmaß. So denke ich nicht, daß der Traum eine Kompensation ist, obwohl das meistens zutrifft; noch, daß er ein Prozeß ist, der sich ereignen will, obwohl es meistens stimmt; auch nicht, daß er das Sexuelle verdrängt, obwohl viele Träume das tun; noch daß er etwas ist, das im Hier und Jetzt geschehen will, obwohl viele Träume das sind; noch daß er die königliche Straße zum Unbewußten ist, weil auch der Körper königlich ist; noch daß man dazu assoziieren sollte, obwohl es für viele Menschen gut wäre; noch daß er spielerisch dargestellt werden sollte, obwohl viele Menschen das ganz spontan tun; noch daß er eine Botschaft von einer anderen Welt enthält, obwohl sich bei vielen Träumen zeigt, daß es tatsächlich so ist.

Ich befasse mich nicht mit den Träumen. Ich befasse mich mit den träumenden Prozessen. So bleibe ich dabei, keine Traumtheorie zu haben. Die Methode, die sich als die aufregendste, nützlichste und praktischste in der alltäglichen Arbeit gezeigt hat, ist, dem Unbekannten nachzugehen. Das positivste Feedback meiner Klienten erhalte ich, wenn ich die Worte «Traum», «Körper», «Schmerz», «Problem» oder irgend einen anderen Begriff, den ich nicht ganz verstehe, vergesse und den genauen Prozeß suche, der sich hier vor mir ereignet. Auf diese Weise arbeite ich mit einem Prozeßparadigma und nicht mit einem vorgegebenen Traumkonzept, weil solch ein Konzept normalerweise vom Körper, vom lebendigen, momentanen Unbewußten, wegführt.

Zu der Prozeßvorstellung kam ich vor einigen Jahren, nachdem ich «The Dreambody» (Der Traumkörper) geschrieben hatte. Ich war in eine persönliche Sackgasse geraten. Das Buch über den «Traumkörper» hatte ich unter Zugrundelegung des Paradigmas der analytischen Psychologie geschrieben. Aber meine Ergebnisse paßten nicht mehr in das Format analytischen Denkens. Es war, als würde ich mit einem undichten Boot auf dem Meer segeln[9]. Ich flickte so lange notdürftig daran herum, bis ich in eine Krise geriet. Wenn ich ein anderes Boot konstruieren würde, könnte ich Schwierigkeiten mit den ursprünglichen Bootsherstellern bekommen. Aber ich erkannte, daß die Zeit und die Energie, die ich in das Flicken des alten Bootes investiert hatte, besser in das Bauen eines neuen Bootes eingebracht werden könnten. Mit dem Neuen könnte ich aufs Meer hinaussegeln, vielleicht sogar weiter als zuvor. So begann ich mit etwas Trauer, Angst und Aufregung, ein anderes Boot zu bauen, das Boot, in dem Sie und ich jetzt segeln. Es ist auf der Basis des älteren Modells konstruiert, obwohl es so segelt, als hätte es keine Vor-Geschichte. So beziehe ich mich immer mit Liebe und Achtung auf Jung, denn tatsächlich ist er es, der mich auf die Idee brachte, daß Träume ihre eigene Lösung sind. Prozesse deuten sich selbst.

Individuelle Traumarbeit

Wenn Sie dem Prozeß von Träumenden individuell folgen, werden Sie feststellen, daß manche Menschen automatisch zu assoziieren anfangen, wenn sie einen Traum erzählen. Mit diesen Menschen sollte man dann auch assoziieren. Andere werden automatisch in einen Dialog mit einer der Traumfiguren geraten; in diesem Fall sind Gestalttechnik oder Aktive Imagination die Methode, die zur Bearbeitung der Träume angewandt werden sollte. Andere Menschen werden ihre Träume sofort wieder vergessen und ein anderes Thema aufgreifen. Manche werden heftig gestikulieren, wenn sie an einen bestimmten Traumbereich kommen; Bewegungsarbeit wäre gerade das Richtige für sie. Jeder Klient hat seine eigene Traumarbeit. Träume sind Prozesse, die sich zu verwirklichen suchen.

Ein Prozeßarbeiter muß nicht mit den vielen verschiedenen Techniken der Traumarbeit vertraut sein. Im Idealfall sollten Sie fähig sein, die jeweils erforderliche Traumarbeit von jedem einzelnen Träumer abzuleiten. Dafür müssen Sie hellwach sein. Sie müssen an einem Traum arbeiten und dann genau auf das Feedback des Klienten achten.

Ein vereinendes Prozeßparadigma bringt die verschiedenen Psychologieschulen zusammen, so daß Traum- und Körperarbeit, Meditation und Heilen, Visionssuchen und Medizin mehr Beziehungen zueinander haben als jemals zuvor. Es verbindet auch die verschiedenen Erfahrungsbereiche miteinander, wie Körper- und Beziehungsprobleme, Träume und Phantasien.

Ein Beispiel. – Ein Mann hat sein Leben lang als Verwalter gearbeitet. Er kommt zu mir wegen Herzbeschwerden. Aber als er da ist, vergißt er sein Herzleiden und erzählt mir den folgenden Traum: «Ich träumte, daß *Menschen in mein Heim eingebrochen sind.* Sie waren *betrunken* und stießen mich umher. Sie übernahmen mein Haus, saßen dann herum und ruhten sich aus.» Während er diesen Traum erzählte, legte er seine Hand auf die Brust, genau in dem Moment, als er *«einbrechen»* sagte. Ich fragte ihn, in welchem Körperteil sein «Heim» sei. Nach einer Weile, wobei er offensichtlich die Bewegung der Hand nicht wahrgenommen hatte, sagte er: «In meinem Herzen.»

Dann fragte ich ihn, in welchem Körperteil die *Betrunkenen* seien. Und er sagte, in seinen Armen. Spontan erzählte er, daß er sich neulich bei der Arbeit überanstrengt habe und all seine Energie in den Armen verloren hätte. Er habe es satt, die Leute zu bedienen und Verwalter zu sein. Dauernd geriete er in Streitereien mit seinem Vorgesetzten. Er wünsche sich ein neues Leben. «Aber ich muß wieder arbeiten», sagte er. Indem er das sagte, legte er seine Hand wieder auf die Brust. Ich fragte ihn, was er fühle und er sagte: «Meine

Herzschmerzen sind gerade wieder gekommen.» «Laß die Betrunkenen reinkommen», sagte ich. Seine Herzschmerzen nehmen zu, wenn er sich zwingt zu arbeiten, was er in Wirklichkeit gar nicht will. «Die Betrunkenen hereinlassen» bedeutet, einen schwächeren Teil in ihm vorübergehend die Führung übernehmen zu lassen, den Teil nämlich, der ausruht und nicht so hart für andere arbeitet.

Die Betrunkenen in seinem Traum brechen in sein Herz ein, wie sie im Traum in sein Wohnzimmer einbrechen. Seine Überanstrengung durch die Arbeit als Verwalter zeigt sich in seinen Armen. Der Versuch, die Betrunkenen fernzuhalten, macht ihm Herzbeschwerden. Er verstand seinen Traum sofort, weil er seine Herzbeschwerden in Verbindung mit den Gefühlen zu seiner Arbeit erlebte. Seine Traumarbeit berührte seinen Körper und führte dazu, daß er sich wohler fühlte.

Wirkungen von Paradigmen. – Wenn wir seinen Traum vom Gesichtspunkt der Kompensation her betrachtet hätten, würden wir einen Aspekt seiner Psychologie verstanden haben. Weil jedoch ein Paradigma bzw. eine Vorstellung die Aufmerksamkeit in eine bestimmte Richtung lenkt, ist es möglich, daß wir dann die Hand auf seinem Herzen nicht bemerkt hätten. Wenn wir gedacht hätten, der Traum sei die Darstellung der Verdrängung eines ungelösten Kindheitsproblems, hätten wir seine Schwierigkeiten bei der Arbeit als ungelöste Elternproblematik diskutieren können, hätten dabei aber vielleicht seine Angst vor einem plötzlichen Tod übersehen. Wenn wir ihm vorgeschlagen hätten, die verschiedenen Traumfiguren darzustellen, und wenn er unfähig gewesen wäre, dies zu tun, hätten wir angefangen, mit ihm zu kämpfen, um das Vaterproblem zum Vorschein zu bringen. Jedes Paradigma oder jede Überzeugung paßt zu bestimmten Zeiten; daher sind sie alle richtig und auch notwendig, können aber bei bestimmten Klienten ganz unpassend sein.

118

Schritte der Arbeit an sich selbst

1. Schritt: Das Paradigma. – Ich spreche sehr detailliert über Paradigmen, weil durch sie die Art, wie Sie mit sich selbst umgehen, wenn Sie allein sind, sehr stark beeinflußt wird. Wenn Sie nicht in der Lage sind, an Ihren Träumen zu arbeiten, dann können Sie darüber nachdenken, «wie» Sie an sich selbst arbeiten, und brauchen sich deshalb nicht schuldig zu fühlen. Wie sollte Ihrer momentanen Überzeugung nach Ihre Arbeit an sich selbst aussehen? Welchem Paradigma folgen Sie? Wie sieht Ihre Methode aus? Schreiben Sie sie auf. Ist sie Ihre eigene private Mischung, beruht sie auf Assoziation, spielerischer Darstellung, aktiver Imagination, Interpretation von Verdrängungen oder Visualisation?

2. Schritt: Allein oder nicht allein? – Der zweite Schritt besteht in der Entscheidung, ob Sie mit Ihrem Material allein arbeiten wollen oder nicht. Die Arbeit zusammen mit anderen könnte Ihnen bei einem Problem helfen, bei dem Sie sich selbst nicht ernst nehmen. Allerdings führt die Arbeit mit anderen immer auch zu Beziehungsfragen, und es könnte unter Umständen schwierig sein, jemanden zu finden, der in der Lage ist, Ihrem individuellen inneren Prozeß zu folgen. Wahrscheinlich würden Sie sich dann doch eher dazu entschließen, allein zu arbeiten.

3. Schritt: Der Bericht. – Notieren Sie Ihre Grenzen, seltsame Träume, die Sie hatten, Körperprobleme, die Sie interessieren, Beziehungsschwierigkeiten und Synchronizitäten, die auftreten, Ihre berufliche Situation usw. Dann beschreiben Sie auch Ihren momentanen Interessenschwerpunkt. Erwarten Sie die Lösung eines Problems? Möchten Sie mehr über sich selbst wissen? Oder brauchen Sie mehr Energie?

4. Schritt: Dem Prozeß folgen. – Meditieren Sie. Folgen Sie

Ihrem Prozeß, wie er sich in den verschiedenen Kanälen bewegt und schreiben Sie das Ergebnis Ihrer Meditation auf. Ergreifen Sie das, was mit Ihnen geschieht und kontrollieren Sie, wie weit schließlich das Ergebnis mit Ihrer Absicht bei Beginn der Meditation übereinstimmt. Sie werden feststellen, daß *Ihre Meditation die unvollendeten Szenen Ihrer Träume spiegelt und vollendet.*

5. Schritt: Kanäle und das Wechseln der Identität. – Wenn Sie das alles getan haben, können Sie das Gefühl von Abrundung und Vollendung haben. Es kann aber auch sein, daß Sie noch unzufrieden sind, obwohl Sie Ihren Traum und Ihr Körperproblem verstanden haben. Dann denken Sie an eine der folgenden Möglichkeiten, die häufig Ursache von Meditationsproblemen sind:

Abb. 14: Körperbezeichnung mit Ellbogenschmerz

Grenzen: Untersuchen Sie Ihre Grenzen. Schreiben Sie sie auf und versuchen Sie herauszufinden, wie sie Ihre Träume und Körperprobleme organisieren. Im Beispiel oben war die Grenze des Verwalters dort, wo er einfach entspannen und aufhören sollte, sich nur um andere Menschen zu kümmern.

Kanalwechsel: Wechseln Sie die Kanäle, in denen Sie gearbeitet haben. Wenn Sie im Sehkanal waren, versuchen Sie es mit Bewegung; bewegen Sie sich mit den Erfahrungen, die Sie gesehen haben. Wenn Sie sich bewegt haben, setzen Sie sich hin und schreiben einen Dialog mit sich selbst.

Wenn Sie an einem Körperproblem gearbeitet haben und mit dem entstehenden Prozeß nicht zufrieden sind, könnten Sie es malen[10]. Spüren Sie Ihren Körper und zeichnen Sie dann seinen Umriß. Malen Sie ganz spontan das, von dem Sie meinen, darum gehe es, in den Umriß hinein (s. Abb. 14). Und nun folgen Sie dem künstlerischen Prozeß. Wenn ein Teil der Zeichnung Sie besonders anzieht, amplifizieren Sie ihn, indem Sie ihn vergrößern oder ihn detaillierter darstellen. Wenn Sie dieselbe Farbe für verschiedene Körperbereiche benutzt haben, ist das ein Hinweis, daß diese Bereiche sich auf denselben Prozeß beziehen. Versuchen Sie, mit dieser Farbe ganz spontan umzugehen und lassen Sie alles mögliche aus dieser Farbe entstehen, um herausfinden zu können, was sich durch sie ausdrücken will.

Erkennen des Opfers: Finden Sie heraus, ob Sie von einer Identifikation beherrscht werden. Wenn Sie sich als Opfer identifizieren und den Täter abspalten, achten Sie darauf, wer es ist, der an Ihrem Traum arbeitet. Ist es der Täter, so wird Ihre innere Arbeit Sie verletzen; nicht Sie sind es, der an Ihren Teilen arbeitet, sondern ein Teil arbeitet an Ihnen. Gerade diese Entdeckung könnte Ihr Traumprozeß sein.

Körperkanäle in der Traumarbeit

Ein Traum kann im einzelnen besser verstanden werden,
wenn er in einen Körperkanal übersetzt wird. Während ich
dies schreibe, fange ich an, über meinen Traum mit der chinesischen Laterne nachzudenken. Ich möchte jetzt wissen,
wie er sich auf meinen Körper bezieht. Und so frage ich
mich, wo in meinem Körper ich die chinesische Laterne spüre. Nach ein paar Minuten fühle ich sie in meinem Kopf,
zwischen den Ohren. Jetzt, in halber Meditation, frage ich
mich, wo das Telefon in meinem Körper wahrnehmbar ist –
in meiner Kehle. Wo ist die Teekanne? In meinem Herzen.
Jetzt verstehe ich den Traum körperlich. Meine Kehle fühlte
sich trocken an, aber ich dachte, das käme von der Höhe und
der Kälte in den Bergen. Auch fühlte ich einen heftigen
Druck auf der Brust, was zu vertiefter Atmung geführt hat.
Mein Kopf fühlt sich gut an, keine Kopfschmerzen, kein
Schnupfen, große Wachheit. Meine Körperarbeit besteht
also in dem, was jetzt gerade geschieht. Die Laterne über
dem Telefon und der Teekanne bedeutet, die Wachheit über
meine Kehle herrschen zu lassen: Ich muß aufhören zu sprechen, bevor sie austrocknet. Es ist Zeit, Skifahren zu gehen.
Gehen Sie jetzt an Ihre eigene Traumarbeit.

Weltarbeit

Beziehungsarbeit

Beziehungen sind normalerweise kein Meditationsobjekt. Daher gibt es Meditationsformen, die durch besondere Versprechen erweitert werden; zum Beispiel verspricht der Meditierende in dem berühmten Boddhisattva-Gelübde, daß er auch nach der Erleuchtung auf der Erde bleiben wird, zum Wohle aller Menschen (Trungpa 1984).

Es gibt eine schöne Geschichte, die ein solches Versprechen anschaulich darstellt[11]. Ein indischer König träumte einst, daß sein Volk durch einen giftigen Regen verrückt werden würde. Er warnte das Volk vor der Katastrophe, aber es war umsonst. Als der Regen kam, trank jeder davon und wurde verrückt, wie es der Traum vorhergesagt hatte. Was tat nun der König? Auch er trank von dem Wasser, damit er bei seinem Volk bleiben konnte, und auch er wurde verrückt.

Diese Geschichte von dem mutigen König ist ein Bild für diejenigen, die diese Welt verlassen wollen, die der Wahnsinn dieser Welt depressiv und müde gemacht hat und die den Sinn des Lebens nicht mehr sehen können. Die Geschichte enthält aber noch eine subtilere Botschaft. Der König war nicht nur mutig, er war auch einseitig. Als König mag er erleuchtet gewesen sein, aber als gewöhnlicher Mensch war er es nicht. Deshalb mußte er in das alltägliche, gewöhnliche Leben zurückgehen, um auch hier Erleuchtung zu erlangen. Er mußte die Erleuchtung aufgeben, um ganz bewußt erfahren zu können, wie verrückt er werden würde, wenn er Alltagsproblemen begegnete, wie Geldverdienen, Sorgen um die Kinder, Einkaufen in überfüllten Geschäften und Ertragen von Freude und Spannungen in seinen Beziehungen.

Der Entschluß des Königs, das Gift zu trinken, ist der Entschluß, in Samsara, den Strudel dieser Welt einzutreten. Es ist erschreckend, aber auch wichtig zu erkennen, daß die Erleuchtung den König *nicht* von seiner Verrücktheit in der Welt befreit. Wahre Erleuchtung heißt, diese Welt zu betreten und genauso verrückt zu werden wie wir alle! Viele spirituelle Führer können uns bei unseren weltlichen Problemen nicht helfen, weil sie ihre eigene weltliche Verrücktheit nicht ausreichend durchlebt haben. Alle Achtung also vor dem indischen König!

Entweder bleiben Sie also freiwillig hier, um den anderen zu helfen, oder Sie werden unfreiwillig dazu gezwungen werden. Die Welt macht Sie vielleicht depressiv, und Sie würden am liebsten Ihren Körper und diesen Planeten verlassen. Sie wollen auch nicht die Verrücktheit dieser Erde in sich aufnehmen. Aber die meisten von uns haben keine Wahl: wir müssen dies alles durchmachen. Wir müssen alle diese Luft einatmen und den sauren Regen trinken, und wir müssen alle in der Spannung zwischen Krieg und Frieden leben.

Don Juan würde sagen, daß die Welt für den an seiner Selbstwerdung arbeitenden spirituellen Krieger vollkommen in Ordnung ist, so wie sie ist. Eine wirklichkeitsnahe Erleuchtung unserer Zeit ist eine politische Aktivität, sie hat eine Beziehung zur unmittelbaren und zur ferneren Umgebung.

Die unmittelbare Umgebung: der Beziehungskanal

Sie befinden sich im Beziehungskanal, wenn Sie ständig Phantasievorstellungen von einem anderen Menschen haben und sein Verhalten weder integrieren noch es in sich selbst entdecken können; oder wenn Sie zwanghaft an einen anderen Menschen denken, ihn lieben oder hassen oder sich mit ihm identifizieren. Sie sind ununterbrochen in Beziehung zu irgend etwas. Die Erfahrungen, die Sie bei der Meditation haben, können als Teil Ihrer Antwort auf die Welt oder auf das Universum verstanden werden. Wenn Sie mit einem anderen Menschen zusammen sind, können Ihre Reaktionen als Teil Ihrer Verbindung zu diesem Menschen verstanden werden.

Introvertierte Arbeit

Wenn es nicht möglich ist, an einem Beziehungsproblem mit jemandem zu arbeiten, weil er nicht da ist, nicht erreicht werden kann oder nicht mit Ihnen an der Beziehung arbeiten will, dann ist es Ihr Prozeß, sich ganz allein mit der Beziehung zu befassen. In diesem Fall haben Sie viele Möglichkeiten, von denen ich einige bereits erwähnt habe.
Auf introvertierte Weise betrachten Sie ein Beziehungsproblem so, als wäre es ein Teil von Ihnen. In diesem Fall ist der andere oder sind die anderen sekundäre Prozesse, die Ihnen zu schaffen machen. Meditative Beziehungsarbeit kann geschehen im einfachen Betrachten dessen, was Ihr Prozeß Ihnen nahezubringen versucht, im sorgfältigen Folgen der Kanalerfahrungen und indem Sie dem Prozeß erlauben, seine eigene Lösung der Probleme zu finden.
Eine kürzere und direktere Methode, das Leiden zu lindern, besteht darin, den anderen zu betrachten, ihm zuzuhören oder ihn zu erspüren und sich meditativ zu fragen, ob und inwieweit Sie ihm ähnlich sind. Auch könnten Sie sich die Schwierigkeiten vorstellen, die Sie mit dem anderen haben, und Ihr eigenes Verhalten in der Beziehung beobachten. Fragen Sie sich, welche Grenze Sie mit diesem Menschen haben. Auf welche Weise sind Sie nicht frei, was hält Sie zurück, Ihren Instinkten und Impulsen diesem Menschen gegenüber zu folgen? Eine andere nützliche Methode der introvertierten Bezie-

hungsarbeit besteht darin, sich den oder die anderen zu vergegenwärtigen, sie dann im eigenen Körper zu fühlen und ihre Bewegungen wahrzunehmen. Und dann sollten Sie einen ganz mutigen Sprung machen und genau so sein wie sie, die anderen. Sie sollten so aussehen, sich so anhören, sich so bewegen wie sie, und Sie sollten herausfinden, in welchem Maße Sie die Fähigkeiten dieser Menschen in sich selbst brauchen könnten. Die sich daraus ergebende Einsicht wird Sie überraschen.

Extravertierte Arbeit

Wenn es möglich ist, an der Beziehung mit dem anderen zusammen zu arbeiten, sollten Sie das tun und gleichzeitig sich selbst genau betrachten; achten Sie auf Ihre eigenen Signale und benutzen Sie Ihre Augen und Ohren, um den anderen zu beobachten. Viele Beziehungsprobleme können rasch gelöst werden durch Aufgreifen und Prozessieren der bewußten und unbewußten Botschaften des anderen, das heißt, der Doppelsignale. Ich behandle dies ausführlich an anderer Stelle (s. S. 132 f.). Für einen umfassenden Einblick in die Beziehungsarbeit vgl. mein Buch «The Dreambody in Relationships».

Der folgende Vorschlag für das Vorgehen bei der Arbeit an Beziehungsproblemen mit einem anderen ist eine Mischung von Theorie über Beziehungen und von Meditationspraxis. Die Philosophie dieser Methode besteht darin, daß ein Partner allein einen Beziehungskonflikt weder gewinnen noch verlieren kann: Es verlieren oder gewinnen immer beide. Und die beste Art, einen solchen Konflikt zu gewinnen, besteht darin, Neues bei sich selbst zu entdecken. Diese Beziehungsarbeit kann jederzeit angewandt werden; sie ist aber besonders hilfreich für Menschen, denen die sprachliche Ausdrucksweise schwerfällt, oder für jene, die einer Beziehungsarbeit nur ungern zustimmen. Sie kann bei kleinen Kindern, schwer gestörten Menschen oder überhaupt bei Blockaden im zwischenmenschlichen Bereich angewandt werden.

Machen Sie zuerst eine Pause. – Setzen Sie sich mit dem oder den Menschen zusammen, mit denen Sie Beziehungsarbeit machen wollen, und legen Ihr Problem dar. Danach sollten die anderen ihr Problem schildern. Wenn die Schilderung beendet ist, sollten Sie nicht reagieren, sondern innehalten und über Ihre Reaktionen auf die Aussagen der anderen meditieren. Statt einfach wie üblich unmittelbar und unbewußt verbal zu reagieren, nehmen Sie sich Zeit wahrzunehmen, was in Ihnen geschieht. Sagen Sie den anderen, daß Sie nicht pausieren, um sich zu drücken, sondern um sich selbst betrachten zu können. Schon dies allein wird die meisten Beziehungsschwierigkeiten deutlich entspannen.

Spüren Sie nach und schauen Sie hin. – Betrachten Sie eine Situation, in der Sie jemand ärgert. Halten Sie inne und spüren nach, was in Ihnen geschieht; benutzen Sie Ihre Propriozeption. Sprechen Sie nicht darüber. Dann amplifizieren Sie das, was Sie fühlen. Schlägt Ihr Herz rascher, steigt Ihr Blutdruck, wird Ihr Nacken heiß und rot, würden Sie am liebsten weglaufen oder am liebsten jemanden umbringen? Jetzt wechseln Sie den Kanal, während der Prozeß gleich bleibt. Machen Sie nun ein Bild aus dem Körpergefühl. Achten Sie darauf, daß Ihre Vision auch wirklich das Bild Ihres Gefühls zeigt und nicht ein Bild von etwas, das Ihren Gefühlen ausweicht. Weichen Sie der emotionalen Verrücktheit dieses Planeten nicht aus! Wenn Sie wütend sind und dann einen Vogel am Himmel fliegen sehen, haben Sie nicht nur den Kanal gewechselt, sondern auch den Prozeß! Sie haben Ihren Ärger ersetzt oder unterdrückt, denn der Vogel birgt nicht die gleiche Gefühlsintensität wie das Gefühl von Zorn.

Passen Sie gut auf! Verdecken Sie nicht einfach Ihre Emotionen. Die Vision eines Grizzlybärs, der gerade jemanden frißt, würde auf einen überzeugenderen Kanalwechsel deuten, da hier der Prozeß erhalten bleibt.

Zeigen Sie Ihre Verrücktheit und gehen Sie mit ihr um. – Der nächste Schritt ist der Umgang mit dem Bild aus Ihrer Propriozeption. Ich möchte Ihnen unbedingt empfehlen, dabei laut zu sprechen, damit Ihr Partner Sie dabei sehen und auch hören kann. Auf diese Weise wird ein Teilbereich der Beziehung, der bisher nur unausgesprochen zwischen Ihnen beiden bestand, als Teil des Kommunikationssystems nach außen gebracht. Wenn Sie diese Figur nicht herausbringen und bewußt mit ihr arbeiten, werden Sie sich unbewußt mit ihr identifizieren. Sich unbewußt mit einem Teil zu identifizieren bedeutet, daß Sie sich Ihrem Partner gegenüber so verhalten wie im Traum. Das erhält einen Teufelskreis und verursacht unnötige Schmerzen.

Eines Tages kam ein Mann in eines meiner Seminare, der wegen unkontrollierter Wutausbrüche im Gefängnis gewesen und gerade entlassen worden war. Sobald er mich sah, geriet er in einen Zustand, den ich als paranoide Wut ansah. Er warf mir vor, Dinge getan zu haben, die absolut nicht stimmen konnten. Nachdem es mir nicht gelang, den Konflikt direkt zu lösen, fiel mir auf, daß ich ihn innerlich herabwürdigte, indem ich ihn als Psychotiker betrachtete. So entschloß ich mich, nach innen zu gehen, innezuhalten, nachzuspüren und zu sehen, was sich in mir ereignete. Mein Herz raste und ich schwitzte am ganzen Körper. Ich verharrte eine Weile bei diesen propriozeptiven Erfahrungen und, nachdem ich sie ausreichend amplifiziert hatte, wechselte ich den Kanal und machte ein Bild aus ihnen. Zu meinem Verdruß sah ich eine rotköpfige Frau, die herumtobte, laut an die Wände schlug und schrie, daß sie ungerecht behandelt worden sei (s. Abb. 15). Ich sprach laut zu ihr, direkt vor dem Mann.

«Mein lieber rotköpfiger Teufel», sagte ich zu ihr. «Du bist ja total durchgedreht und behauptest dabei, der andere sei verrückt. Ich verstehe gar nicht, warum du so aufbrausend bist. Bist du wütend, weil du keine Hoffnung hast und fürchtest, daß dieser Mann sich doch nicht ändern wird? Vielleicht ändert er sich ja, vielleicht auch nicht. Die Götter haben manchmal schon Möglichkeiten, Dinge hinzukriegen, die sonst keiner kann. Gib diesem Mann eine Chance.»

Abb. 15: Hexenmädchen

Bevor ich noch prüfen konnte, was dieser Dialog bei der inneren Figur bewirkt hatte, brach der Mann zusammen und weinte. Er sagte, daß noch nie ein Mensch ihm je eine Chance gegeben oder ihm geglaubt hätte. Wir weinten beide. Die Verständnisblockade zwischen uns hatte sich in Tränen aufgelöst. Nun waren wir in der Lage, uns zusammen hinzusetzen und die anstehenden Probleme zu besprechen. Gewinner des Kampfes waren wir beide: Er fühlte sich verstanden, und ich hatte meinen rotköpfigen Teufel entdeckt.

Das Erschaffen von Traumfiguren. – Sie können beobachten, wie solche inneren Figuren entstehen, wenn Sie innerlich mit Ihren Reaktionen arbeiten. Wenn Sie meditieren, und es fängt jemand an, mit Ihnen zu sprechen, werden Sie wütend oder unruhig. Wenn Sie diese innere Unruhe nicht aufgreifen, wird sie abgespalten und wird in einem Traum erneut auftauchen. So erinnere ich mich an eine Phase in meinem Leben, als ich sehr oft meditierte und versuchte, immer gelassen zu sein. An einem Tag wollte meine Tochter mit mir spielen. Ich war zwar lieb zu ihr, aber als ich meine Augen schloß, sah ich die Reaktion, die ich abgespalten hatte, weil ich sie nicht haben wollte: die Figur eines boshaften Mannes. Ich ließ ihn herauskommen und benahm mich wie er. So entstand aus dieser Meditationsfigur ein Spiel mit meiner Tochter. Meditation und Arbeit in der realen Welt erfordern diese Art von Bewußtsein.

Doppelsignale. – Die abgespaltenen Traumfiguren sind Teile von Ihnen, über die Sie mehr erfahren sollten und die heraus- und zum Leben gebracht werden sollten. Sie erscheinen regelmäßig in Ihren Träumen und in den Verbindungen mit Ihrer Umgebung. Diese «Doppelsignale» sind ein Teil der verwirrenden Botschaften, die wir aussenden. Ein Doppelsignal ist eine unbewußte Körpergebärde, die solche Traumfiguren darstellt, mit denen Sie sich nicht identifizieren. Die Störung durch meine Tochter zum Beispiel muß sich auch an meinen rotwerdenden Wangen oder der Beschleunigung meiner Atmung gezeigt haben. Wäre es mir möglich gewesen, diese Körperwahrnehmung zu amplifizieren, hätte ich dieselbe Information erhalten wie durch die Vision des boshaften Mannes.

132

Wenn Sie innerlich an sich arbeiten, brauchen Sie kaum Hilfe, um Ihre eigenen unbewußten Körpergebärden und die propriozeptiven Gefühle, aus denen sie entstehen, entdecken zu können. Prozeßorientierte Meditation macht es Ihnen leichter, auch innerhalb von Beziehungen mit Ihrem eigenen Traumkörper in Kontakt zu sein.

Doppelsignale in der Kommunikation mit anderen entstehen folgendermaßen: Der Traumkörper drückt sich in vielen Kanälen gleichzeitig aus. Eine visuelle Traumfigur kann in Ihrer Propriozeption oder in einer Körperbewegung erscheinen. Das heißt, Sie führen irgendeine Geste aus, etwa ein ärgerliches Stirnrunzeln oder eine rasche und heftige Handbewegung, die auf Ihre Träume oder Körpersymptome zurückgeführt werden kann. Diese Gesten und die mit ihnen verbundenen Traumfiguren sind archetypisch, und deshalb glauben die Leute fälschlicherweise, sie zu verstehen. Jeder greift diese raschen Bewegungen unbewußt auf und interpretiert sie meistens völlig falsch. Doppelsignale sind also Traumfiguren, sekundäre Prozesse, die in Form Ihrer Körpergesten von Ihrer Umgebung aufgegriffen werden.

Ihre Partner reagieren auf diese Signale, ohne es zu wissen. Sie werden vielleicht sogar wütend auf Sie, ohne zu wissen warum. Wenn Ihr Partner wütend wird, ohne es zu wissen, ist anzunehmen, daß auch Sie wütend werden, obwohl Sie beide dies wahrscheinlich abstreiten würden. Am Ende werden Sie sich gegenseitig anbrüllen, daß Sie überhaupt nicht wütend seien! So etwas nenne ich «Nudelsuppe».

Aus einer solchen Situation können Sie lernen, Ihre Doppelsignale besser wahrzunehmen und sie bewußter und konstruktiver in Ihre Kommunikation einzubringen. Durch folgende Übung können Sie zum Beispiel eine Vorstellung davon bekommen, wie Sie in einer entsprechenden Situation mit Doppelsignalen umgehen können.

Experiment in der Beziehungsarbeit. – Bitten Sie einen Freund, Ihnen etwas zu sagen, was er bisher für sich behalten hat, etwas, das er an Ihnen schätzt oder etwas, das er nicht mag. Versuchen Sie, in Gegenwart Ihres Partners über Ihre Reaktionen zu meditieren und mit ihnen umzugehen.

Zu dieser Übung fällt mir ein nettes Beispiel ein. Während eines Meditationsseminars sagte ein Mann zu einer Frau, daß er sie wirklich sehr gern habe. Statt wie üblich zu reagieren, wandte sie sich nach innen und spürte ihren Körperreaktionen nach. Alles, was sie fühlen konnte, war ihr Herz, das immer größer und größer wurde. Sie machte ein Bild aus diesem großen Herzen und sah plötzlich eine Valentinskarte, auf der geschrieben stand: «Danke dir, daß du mich liebst. Du bist nun ein Teil meines Herzens geworden.» Sie sagte also zu ihrem Verehrer: «Es ist zwar sehr sentimental, aber ich danke dir, daß du mich liebst. Du bist jetzt ein Teil meines Herzens.» Sie hatte eine Grenze zuzugeben, daß es ihr gut tat, geliebt zu werden.

Ich betrachte Meditationsarbeit in Beziehungen als eine kollektive Reinigungsaktion. Sie fangen damit an, ein wenig von dem Schmutz, der die Stadt belastet, zu beseitigen; es ist besser, das, was in Ihnen und in anderen vorgeht, bewußt zu prozessieren, als es einfach dem Kollektiv aufzubürden.

Meditation und Körperkontakt

Die vorangegangene Meditationsarbeit umfaßt verbale Interaktion, visuelles Erfassen des anderen und propriozeptiven Kontakt mit sich selbst. Diese Art der Meditationsarbeit eignet sich für die meisten Interaktionen in unserer Kultur. Aber sie vermeidet den Körperkontakt in der Beziehungsarbeit. Meditationsarbeit mit Körperkontakt könnte eine neue Form der Verbindung zu Menschen sein, mit denen Sie nicht vertraut sind, wie auch ein wichtiger Kanal, um gegenwärtige enge Beziehungen verstehen zu können.

Berühren Sie die Hand oder den Rücken Ihres Partners, wenn Sie meditieren. Die Berührung mit den Händen wird normalerweise von anderen akzeptiert. Wichtig ist die Gegenseitigkeit der Berührung. Berührung ist der Anfang einer propriozeptiven Beziehungsmeditation. Entdecken Sie die Körpersignale in Ihrem Rücken, den Füßen, dem Bauch, dem Kopf, den Händen und im Brustkorb. Spüren Sie nach, was sich ereignet.

Ihre Erfahrungen so in Worte fassen zu müssen, wie Sie sie fühlen, kann sie blockieren. Warten Sie, bis sie von sich aus enden, bevor Sie sprechen. Wenn möglich, lassen Sie diese Erfahrungen sich in Bewegung, in Sehen, Hören und Fühlen entfalten. Sie könnten eine spontane langsame Massage beginnen oder den Kontakt mit Ihrem Partner lösen und einen authentischen Tanz entstehen lassen. Möglicherweise wird sich eine Bewegungsimprovisation daraus ergeben. Bleiben Sie in Meditation, während Sie sich bewegen. Bewegen Sie sich miteinander und bewegen Sie sich langsam. Sie sollten dies mit jemandem versuchen, den Sie gern haben, und mit jemandem, den Sie weniger mögen.

Die Ergebnisse der schweigenden Berührungsmeditation werden Sie wahrscheinlich überraschen. Viele Menschen entdecken tiefe ungewohnte Gefühle, die sie noch nie wahrgenommen haben. Manche werden von Menschen, die sie zu mögen glaubten, abgestoßen, andere wiederum entdecken subtile Mischungen von Tanz, von Verhaftetsein, von sexuellen Gefühlen, von Liebe oder Haß.

Zwei Menschen, ein Körper. – Häufig entdecken die Übenden hinterher, daß sie dieselben Phantasien hatten. Propriozeptive Beziehungsmeditation ist ein Experiment mit dem kollektiven Unbewußten. Als eine Frau mit ihrem Finger den Rücken einer anderen berührte und sich ruhig verhielt, sah sie plötzlich eine Klitoris. Die andere sah simultan dasselbe. Es gab keine verbale Verständigung. Diese beiden entdeckten einen gemeinsamen Traum, die Göttin Shakti, symbolisiert in der Yoni (s. Abb. 16), dem weiblichen Genitale. Woher kommen diese gleichzeitigen Phantasien? Sind sie zufällig? Beim Tanzen kann man sehen, wie zwei Menschen einen Traum erschaffen. Aber in der Berührung ohne Bewe-

Abb. 16: Yoni, weibliches Genitale

gung ist dies ein unsichtbarer Prozeß. Da solche gemeinsamen Visionen von Körpererfahrungen stammen, also durch Berührung und Bewegung entstehen, müssen wir annehmen, daß die Menschen einen gemeinsamen Körper haben!

Felder und Träume. – Wenn die Erfahrungen der Meditierenden auch nur geringfügig verschieden sind, haben wir einen Traumkörper mit mehreren Teilen. Solch ein «Beziehungskörper» oder globaler Traumkörper ist wie unser gewöhnlicher Körper, voller verschiedener Teile und Widersprüchlichkeiten. Dieses Beziehungsexperiment zeigt, daß Sie in einer Beziehung Teil eines durch traumähnliche Symbole strukturierten emotionalen Feldes sind. So zeigt sich Jungs kollektives Unbewußtes in der Praxis. Wenn eine Gruppe im Kreis zusammensitzt und alle sich gegenseitig berühren, können die entstehenden Erfahrungen der einzelnen zusammengefaßt werden, um das entsprechende Gruppenfeld zu beschreiben.

Propriozeptive Beziehungserfahrungen werden auch in tantrischen und taoistischen Yogaritualen geübt. In meditativer Weise bewegt man sich, spürt nach, liebt sich und geht so miteinander um, daß sich dadurch Beziehungsgeheimnisse enthüllen, die man nur schwer in Worte fassen kann. Diese Menschen können den globalen Traumkörper durch unmittelbares Erleben verstehen und so einen Teil der Verrücktheit dieser Welt in bedeutungsvolle Beziehungen verwandeln.

Arbeit an der Erde

Wenn Menschen die Erde betrachten, denken sie normalerweise nur an ihre Bewohner. Zur Erde gehören aber auch Bäume, Berge, Tiere, Steine, Flüsse, der Himmel und die Sterne, und nicht nur Menschen. Die Erde als solche ist eigentlich eine Idee, die sich durch die ganze Geschichte und Mythologie hindurchzieht. In alten Zeiten hielt man die Erde für eine große und unbegrenzte Macht, die heilen oder zerstören konnte, eine Macht, die für alles sorgte. Viele Menschen der nicht-industrialisierten Welt sehen in der Erde noch immer ein göttliches Wesen, das sie in die Kunst, richtig zu leben, einweist.

Der westliche Mensch betrachtet die Erde als ein kränkliches Wesen, das fast erstickt an Abfall und Giften, kaum in der Lage, in seinen übervölkerten Teilen ausreichend Unterkunft zu bieten, das voller Spannung ist und jeden Augenblick explodieren kann. Eine sehr moderne Vorstellung sieht die Erde mit einem nervenähnlichen Kommunikationsnetz versehen, als «Gaia», als einen Makroanthropos (s. Mindell, «Das Jahr Eins», 1985; dt. 1991). Nach manchen Überlieferungen ist es unsere Aufgabe, zum universalen Bewußtsein des Erdballs zu werden.

Übungen mit der Erde

Wenn wir die Erde wiederentdecken wollen, müssen wir unsere Sinne gebrauchen und nicht an unseren alten Vorstellungen über diesen Planeten festhalten. Das folgende Experiment soll uns eine persönliche Information über die Erde geben. Nachdem Sie nun Ihre Körperwahrnehmung entwickkelt haben, setzen Sie sich ins Freie und legen Ihre Hände auf ein Stück Erde. Meditieren Sie in dieser Haltung und beachten Sie, was mit Ihnen geschieht.

Sie werden überrascht sein, daß Sie die Erde in dieser experimentellen Meditation ganz anders erleben können, als Sie in der Zeitung über sie lesen. Die Meditation der Erde gibt Ihnen ein Gespür für ihre unerschöpfliche Freigebigkeit, ihren Überfluß und ihre wahrhaft unendliche Geduld. Sie ist immer noch Ihre alte Erde, voller Mächtigkeit, und sie erzählt Ihnen Dinge, die kein Mensch Ihnen erzählen könnte. Wenn Sie in einem Teil der Welt leben, in dem die Erde noch nicht vollständig von den Städten zerstört ist, öffnen Sie Ihre Augen und betrachten Sie die Erde. Beachten Sie, was mit Ihnen geschieht, wenn Sie so hinschauen. Sehen Sie nur das, was schön ist? Freuen Sie sich nur über die Gipfel, das Unterholz und die zerklüfteten Felsen, wenn Sie in den Bergen sind? Erforschen Sie die Dinge, die Sie lieben. Achten Sie darauf, wie Sie hinschauen und was mit Ihnen geschieht, und amplifizieren Sie Ihr extravertiertes Sehen. Nach einer Weile werden Sie das erfahren, was die Yantra- und Mandala-Meditierenden sich erhofft haben: Sie werden zum Mandala, Sie werden der Berg und Sie werden der Fluß. So fangen Sie an, sich selbst als die Erde zu erfahren.

Übungen mit der häßlichen Seite der Erde

Was ist mit den Bereichen der Erde, die Sie nicht besonders mögen, den häßlichen Steinen, den rauhen Gebieten, die Sie stören? Wie wollen Sie die erforschen? Wenn Sie die Teile der Erde, die Sie nicht mögen, übersehen, verletzen Sie ihre Ökologie. Die Teile, die Sie nicht mögen, müssen auch prozessiert werden, wenn der Geist der Erde nicht mit unverarbeiteter

Information vollgestopft werden soll. Ich möchte Ihnen ein wichtiges Meditationsexperiment vorschlagen, das Ihnen helfen wird, den Unterschied zwischen den Teilen der Erde, die Sie mögen und denen, die Sie nicht mögen, zu prozessieren.

Gehen Sie ins Freie und nehmen Sie sich genug Zeit, um zwei etwa handtellergroße Gegenstände zu finden, einen, den Sie mögen, und einen, den Sie nicht mögen. Meditieren Sie nun mit jeweils einem der Gegenstände in der Hand. Schreiben Sie das Ergebnis in Ihr Meditationstagebuch. Das Führen eines Tagebuches hilft Ihnen beim Integrieren Ihrer Meditationen und unterbricht Ihr Sich-im-Kreise-Drehen. Der Gegenstand, den Sie mögen, ist meistens der Person, die Sie in der Realität oder in Ihrer Phantasie lieben, sehr ähnlich. Er ist eine Figur des Selbst, eine ganzheitliche Persönlichkeit, die Ihr Prozeß zu gestalten versucht.

Eine Frau hob zum Beispiel einen runden und glatten Stein auf. Sie sagte, er sei wie ihr Geliebter: stark, kräftig, weich, offen und sanft zur gleichen Zeit. Sie hielt ihn in der Hand und achtete darauf, was mit ihrem Körper geschah. Sie wollte auch gerne so sein wie dieser Stein und ist nun auf dem Weg dorthin.

Der Gegenstand, den Sie nicht mögen, ist meistens ein Teil von Ihnen, den Sie brauchen, den Sie aber abgespalten haben. Einen Priester in einem meiner Seminare störte ein rostiger Metallring von irgendeinem Motor. Er stellte all das für ihn dar, was er nicht mochte, aber besser kennenlernen sollte. Der Priester meditierte über den Ring, während er ihn hielt. Er haßte ihn, war abgestoßen von ihm und wollte ihn loswerden. Einmal meinte er sogar, der Ring würde ihn krank machen. Er blieb bei dieser Meditation, solange er konnte. Er legte den Ring zuerst auf eine Schulter, dann auf die andere, dann auf den Kopf. Plötzlich, zu seinem Erstaunen, wurde er selbst dieser rostige Metallring. Er wurde zu all diesen rostigen alten Dingen, die er verabscheut und die er immer vor anderen verborgen gehalten hatte. Nachdem er nun selbst zu diesen Dingen geworden war, fühlte er sich sehr wohl. Er legte seine anständige, saubere Maske ab und wurde unordentlich, schmutzig, ungepflegt und verwahrlost, aber absolut glücklich. Als die Meditation vorbei war und er mir von seinen Erfahrungen berichtete, wirkte er sogar ein wenig angetrunken. Er sagte, daß er sich wie ein Vagabund vorkomme. Ganz aufgeregt erinnerte er sich an den Traum der vergangenen Nacht, in dem er einen Vagabunden im Gefängnis gesehen hatte. Nun wußte er, daß durch seine bewußte Wahrnehmung der Vagabund freikommen würde!

Die verschmutzte Erde. – Die Arbeit mit geliebten und verhaßten Gegenständen gibt Ihnen die Möglichkeit, mit Ihren primären und sekundären Prozessen zu arbeiten. Keiner mag die sekundären Prozesse der Erde, jedermann verdrängt sie. Aber Verdrängung bedeutet psychologisch Verarmung und Belastung für die Erde. Je mehr Abfall wir haben, desto mehr wird die Erde verschmutzt. «Abfall» nicht wegzuwerfen, sondern zu prozessieren und wiederzuverwenden, ist ein psychischer Akt, der in der Meditation beginnt. Unseren Abfall nicht zu prozessieren bedeutet, daß wir unsere Erfahrungen mit der Erde nicht prozessieren. Prozessieren Sie Ihren Abfall, werfen Sie ihn nicht einfach weg!

Introvertierte Politik

Mystiker haben sich selbst als Teil der Erde erfahren. Sie glaubten, daß die Welt in Ordnung käme, wenn sie sich selbst in Ordnung brächten. Sie hatten ihre eigene introvertierte politische und ökologische Technologie. Das war die unausgesprochene Lehre des taoistischen Regenmachers, der Wunder dadurch bewirkte, daß er einfach sich selbst in Ordnung brachte. Richard Wilhelm, der Übersetzer des

«I Ging», erzählte diese Geschichte in einem Brief an C. G. Jung.

Wenn Sie das nächste Mal über eine Weltsituation außer sich sind und meinen, daß Sie nach außen schon das möglichste getan haben, dann meditieren Sie über die zwei Seiten des Konflikts. Nie werde ich den Sechs-Tage-Krieg zwischen Arabern und Israelis im Juni 1967 vergessen. Ich war sehr beunruhigt, und fand sowohl die Araber wie die Israelis als Figuren in mir, die sich in heftigem Konflikt befanden. Zu jener Zeit vertraten sie zwei gegensätzliche Haltungen der Welt gegenüber in mir selbst. Meine Meditation endete mit einem Friedensvertrag zwischen beiden Seiten. Nachdem ich die Meditation beendet hatte, machte ich das Radio an und hörte, daß im Mittleren Osten auch ein Übereinkommen erzielt worden war. Es ist anzunehmen, daß sehr viel politische Arbeit auf Ihrer Meditationsmatte getan werden kann. Aber seien Sie vorsichtig: Wenn Sie es vermeiden, eine äußere Rolle in der Welt zu spielen und mit den Problemen dieser Welt nur innerlich umgehen, weil Sie Grenzen gegen Beziehungen und gegen Extraversion haben, ist Ihre Introversion nur Flucht vor Ihrem ganzheitlichen Prozeß. Sie sollten lernen, Ihre Furcht vor einer Stellung in der Welt zu überwinden. Wenn Sie nicht an Ihrer Extraversion arbeiten, wird Ihre innere Arbeit gestört und unwirksam sein.

Einen eigenen Platz finden. – Das Berühren der Erde in der Arbeit ist eine sehr gute Vorbereitung auf eine kompliziertere Aufgabe: die Visionssuche. Einen besonderen Platz innerhalb eines beschränkten Gebietes zu finden, der Ihnen gut tut, ist der erste Schritt bei diesem Vorgehen.

Ich erinnere mich an eine ganz besondere Suche nach einem solchen Platz in einem alten Haus in Aawangen in der Schweiz. Wir Seminarteilnehmer benutzten den kleinen Garten um das Haus herum als Jagdrevier für unseren speziellen Platz. Eineinhalb Stunden lang machten wir uns rundherum auf die Suche, um den magischen Platz zu finden, auf dem wir uns wohl fühlen könnten. Mit den Augen hatte ich schon einen Platz gefunden, aber leider hatte ein anderer sich denselben Ort ausgesucht und war vor mir dort. Wie dumm! Wie würde ich damit umgehen? Ich meditierte beim Gehen, Sehen und Fühlen. Nach ungefähr einer Stunde setzte sich mein Körper auf eine völlig ungeeignete Stelle in einer Gartenecke, die so steil abfiel, daß bequemes Sitzen unmöglich war. So arbeitete ich an meiner Haltung, indem ich meine Körperwahrnehmung und meine Bewegungen in Verbindung mit der Erde gebrauchte; nach einer Weile lag ich mit dem Kopf nach unten auf der Erde, hatte die Beine in der Luft und die Knie über der Stirn (s. auch Pflug-Asana in Abb. 5). Da lag ich nun und fiel in einen veränderten Bewußtseinszustand, weil mir das Blut in den Kopf schoß. Bald glitt ich in einen ekstatischen Zustand der Leere hinüber. Was für ein besonderer Platz!

Besetztes Gebiet. – Diese Geschichte ist deshalb wichtig, weil sie die folgende Erfahrung tief in meinem Körper verankerte: *Welchen Platz Sie auf dieser Erde einnehmen, hängt nicht nur von Ihrer persönlichen Psychologie ab, sondern auch davon, welche Gebiete bereits besetzt sind.* Wenn irgendjemand das vorliegende Buch bereits geschrieben hätte, hätte ich es nicht schreiben können. Wäre eine Pflanze auf meinem Platz gewachsen, hätte ich einen anderen finden müssen. Da bereits jemand anders auf dem Platz war, den ich mir ausgesucht hatte, war ich gezwungen, einen neuen zu finden. Ich entdeckte, daß ich durch die Arbeit an mir selbst mit dem neuen Platz zurechtkommen konnte. Tatsächlich brachte mich das weiter, als ich gehofft hatte.

Entsprechend ist der Ihnen zugeordnete Platz in dieser Welt, könnten die physischen und psychologischen Plätze gerade die richtigen für Sie sein; denn sie sind wertvoll, da sie Sie zwingen, neue Wege des Lebens und der Arbeit an sich selbst zu finden. Auch wenn Sie bestimmte Teile der Erde, bestimmte Beziehungssituationen oder bestimmte aufgezwungene Rollen nicht mögen, aber dennoch ökologisch mit ihnen umgehen, das heißt sie vollständig benutzen, können Sie den schlechtesten Platz in den besten verwandeln.

Der Weltkanal und die Visionssuche

Die Visionssuche (vision quest) ist eine Meditation im Weltkanal, in dem Sie die Erde als einen Weisen erleben, der Ihnen durch seine Städte, seine Flüsse, seine Steine, Sterne und politischen Konflikte etwas mitteilt. Ihre vorangegangene Arbeit im Fühlen, Sehen, Hören, Bewegen, in Beziehungen zu anderen und dem Berühren der Erde sind Vorbereitungen für das Sein in der Welt und dafür, sie als einen Ort der Visionssuche zu betrachten. Ihr Prozeß fließt in den Weltkanal, wenn Sie sich auf die Welt konzentrieren müssen, wenn sie Ihnen verwirrende Botschaften zu schicken scheint, wenn sie Sie zurückweist oder Sie annimmt, Ihre Existenz unterstützt oder vernichtet. Sie befinden sich im Weltkanal, wenn Sie mehr über diese Botschaften herausfinden wollen, oder wenn Sie Interesse haben an Ihrer natürlichen Umgebung und sie benutzen für eine Visionssuche, für mehr Wissen und zur Entwicklung Ihres ganzheitlichen Selbst.

Ich habe die Visionssuche kurz im Kapitel über «Kanäle und Meditationsrituale» beschrieben. Hier erinnere ich nur daran, daß sie die zentrale religiöse Erfahrung der amerikanischen Indianer ist und charakteristisch für die Art und Weise, wie sie sich auf die Welt beziehen. In ihrer Religion gehört die direkte Verbindung zur Erde und die Frage nach dem Wesentlichen zusammen. Die Erde ist der Kanal, der sie lehrt und der ihnen die erforderliche Weisheit zum Leben schenkt. Der Initiierte auf der Visionssuche bespricht seine

144

Probleme zuerst mit einem Schamanen und geht erst dann in die Wildnis, wo er auf einen Traum, eine Vision oder eine Körpererfahrung wartet. Diese Erfahrung bringt er dann zu dem Schamanen, der ihm hilft, sie zu deuten.

Ich empfehle Ihnen, zuerst über zentrale Fragen Ihres Lebens zu meditieren, die Ihnen wichtig sind, und Ihre Visionssuche damit zu beginnen, daß Sie sie aufschreiben. Der nächste Schritt ist, in die Natur zu gehen und die Ereignisse, die Ihnen begegnen, zu ergreifen, sie festzuhalten und zu prozessieren.

Eine lehrreiche und schöne Geschichte über diese Suche finden wir in H. Storms «Seven Arrows» (1972). Ein junger Mann wollte wissen, was er mit seinem Leben machen sollte, und brach auf eine Visionssuche auf. Als er einige Tage später zurückkehrte, berichtete er seinem Schamanen, daß er nichts Bedeutsames gefunden habe. Der weise Schamane befragte den Jungen, bis der schließlich eingestand, daß er an einem Punkt während seiner Suche gerne ein Schläfchen auf einem Kliff oberhalb eines Strandes gemacht hätte (er hatte also den besonderen Platz gefunden!), als er eine junge Frau am Strand erblickte. Sie war so schön, daß der junge Mann masturbierte, während er ihr Bild im Sinn hatte. Der weise Schamane verband dies mit der ursprünglichen Frage des Jungen und zog daraus den Schluß, daß der Lebensauftrag des Jungen darin bestehe, andere über die Liebe zu lehren. Dieses Beispiel zeigt, wie zentral wichtig es ist, bei der Visionssuche die gemachten Erfahrungen richtig auszuwerten. Unser junger Mann verhielt sich wie ein Anfänger in der Meditation, indem er auf seine Suche ging und Ausschau hielt nach einer großartigen Vision mit Geistern, die ihm magische Dinge erzählen würden. Genau diese Absicht, die Suche, war der primäre Prozeß. Aber das, was sich ereignete, war ein unerwarteter sekundärer Prozeß, eine wichtige Lehre. Der Prozeß, der nicht vorausgesagt werden kann, der nicht mit Ihren Absichten übereinstimmt, ist die magische

Vision. Wenn Sie diese kleinen Visionen übersehen, werden sie sich wiederholen und später, vielleicht in einem anderen Kanal, wiedererscheinen.

Ich habe mit vielen Menschen an ihren Visionssuchen gearbeitet, und ich erinnere mich an eine Frau, die bei Sonnenuntergang auf einen Berg hinaufging. Als sie aufbrach, versetzten dunkle Schatten sie in Angst und Schrecken, und sie lief gegen einen Baum. Sie hatte erschreckende Visionen von Männern, die hinter ihr her waren, und sie rannte und rannte. Sie verbrachte die ganze Nacht auf dem Berg und hatte tausenderlei Erfahrungen.

Sie hatte zwei Probleme. Erstens war sie sich über die Frage, für die sie Antwort suchte, nicht ganz im klaren. Und zweitens griff sie die sekundären Prozesse, die ihr zustießen, nicht auf und hielt sie nicht fest. So wurden die Schatten der Bäume und die Visionen der Männer nicht genutzt, weil sie nicht erkannte, daß sie wichtig waren.

Ich vermute, ein Grund, weshalb Visionssuchen bei den Indianern häufig so gefährlich, ja sogar tödlich sind, ist, daß die Initianten nicht ausreichend im Meditieren geübt sind. Sie können ihre Erfahrungen nicht festhalten und amplifizieren, weshalb sich diese in endloser Weise immer wieder selbst verstärken und sich in Alpträume, Krankheiten oder Unfälle verwandeln.

Meine Visionssuche

Vor kurzem bin ich auf Visionssuche gegangen. Ich wollte wissen, welches die nächste Aufgabe in meinem Leben sei. So ging ich eines Abends bei Sonnenuntergang in die Colorado Rockies. Lange Zeit schleppte ich mich müde in der Nähe des Loveland-Passes entlang. Nachdem die Sonne untergegangen war, hatte ich mehr Energie und fing an, eine verlassene Bergstraße hinaufzurennen. Immer weiter ging ich hinauf, während die Schatten der Nacht fielen. Indem die Dunkelheit einer mondlosen Nacht mich einhüllte, stieg zunehmende Angst in mir auf. Da ich Analytiker bin, dachte ich, daß ich nur vor etwas, das mir sehr fremd ist, Angst haben könne. Deshalb müßte ich behutsam mit der Dunkelheit umgehen und mich ihr so weit wie möglich öffnen. Dieser Gedanke, der mir in vergangenen angstvollen Situationen immer geholfen hatte, wirkte diesmal überhaupt nicht.

Während ich die Straße hinauflief, bildete ich mir ein, daß irgend etwas neben mir herrannte! Ich nahm an, es sei der Schatten eines Baumes. Aber nein, der Schatten begann, in die entgegengesetzte Richtung auf der anderen Straßenseite hinunterzurennen! Meine erste Reaktion war, den Schatten wegzuanalysieren: «Es ist der Schatten eines Baumes oder ein Wegweiser.» Aber dann wurde mir klar, daß auf einer solch verlassenen Bergstraße keine Wegweiser sein könnten. Vielleicht war es ein echter Geist! An diesem Punkt kam mir der Gedanke, dies könne der Schatten des Berges selber sein. Ich war zu Tode erschrocken, doch erinnerte ich mich daran, daß das Integrieren einer Erscheinung ihre Macht einschränkt. So nahm ich meinen übriggebliebenen Mut zusammen und entschloß mich, den Kanal zu wechseln. Statt das Ding mit den Augen zu erfassen, ging ich in den Bewegungskanal. Ich dachte, wenn ich meine Identität nicht ändern würde, könnte es mich überwältigen.

Mit all meiner Willenskraft ging ich auf die andere Straßenseite und, schweißüberströmt vor reinem Entsetzen, sprang ich dahin, wo der Schatten war. Also zwang ich mich zu denselben Bewegungen, die er gemacht hatte und rannte den Berg hinunter zu dem Punkt, an dem ich ihn zuletzt gesehen hatte. Als ich mit der Bewegung begann, verwandelte sich mein Rennen in einen Tanz und meine Angst wandelte sich in Freude. Da kam mir ein Gedanke: Ich sollte der Weisheit meines Körpers und meiner Intuition mehr vertrauen, denn sie hatten eigentlich schreiben wollen. Dann rannte ich in einem Zug, ohne daß ich es mir vorgenommen hätte, den ganzen weiten Weg hinunter.

Meine Visionssuche war beendet, und ich muß den Nagel auf den Kopf getroffen haben, denn seitdem wird jede freie Minute von der Konfrontation mit dem furchterregenden Schatten in Anspruch genommen. Selbst heute, viele Wochen später, schreibe ich mit großer innerer Bewegtheit über Meditation. Obwohl ich mich als Analytiker, Lehrer, Forscher, Redner, Liebender, Vater, Mann usw. identifiziere, ist es mein sekundärer Prozeß in diesen Tagen, über Meditation zu schreiben und sie zu erforschen. Ich bin versucht, den Autor dieses Buches «Der dunkle Schatten des Berges» zu nennen.

Ich bin dankbar für die Geschenke, die ich in all den Kanälen erhalten habe. Allerdings muß ich zugeben, daß von allen Kanälen die Erde für mich heute der geheimnisvollste und wichtigste ist.

Wer ist es, der meditiert?

Nachdem Sie viel Zeit und Mühe mit der Arbeit an sich selbst zugebracht haben, werden Sie einen weitreichenderen und umfassenden Prozeß der Meditation entdecken. Wenn Sie Ihren Prozeß über längere Zeit verfolgen, werden Sie zwei verschiedene Bewußtseinsarten wahrnehmen: ein Kurzzeit- und ein Langzeitbewußtsein.

Langzeit- und Kurzzeitbewußtsein

Das Kurzzeitbewußtsein ist ein Kanalbewußtsein. Wir bemerken hier den vorübergehenden Wechsel der Signale und der Bewußtseinsinhalte. Das Langzeitbewußtsein gibt Einblick in den Bewußtseinsprozeß selbst; es ist das Gewahrsein dessen, der meditiert. Wenn Sie sich während der Meditation fragen: «Wer ist es, der meditiert?», wird die Antwort Ihnen zeigen, daß Sie nicht der Einzige sind, der Ihr Bewußtsein benutzt.

Heute bin ich zum Beispiel in den Bergen und möchte in meinem Haus herumwerkeln. Es ist früh am Morgen und während des Aufwachens merke ich, daß die Sonne mit meinen Augen spielt. Ein Auge ist geöffnet, und ich sehe traumähnliche Formen an der Holzdecke. Ich bin mir bewußt, daß ich einen visuellen Prozeß habe, aber ich frage mich, für wen diese traumähnlichen Bilder sein sollen. Ich drehe mich herum, weil ich weiterschlafen möchte, und merke, daß ich irritiert bin, weil ich zuviel Orangensaft vor dem Zubettgehen getrunken habe. Wer ist dieses irritierte «Ich»? Ich könnte dieser Irritation in mir nachzuspüren versuchen; oder ich könnte ganz einfach über das Koan: «Wer ist irritiert?» meditieren.»

Ich möchte schlafen. Aber wer ist es, der schlafen und sich entspannen will? Wer möchte das tun, was jeder tut? Dies scheint der primäre Prozeß zu sein, denn ich weiß, daß ich, der Beobachter, dazu neige, ein ganz normaler Kerl zu sein, der am liebsten schläft. Aber er ist im Widerstreit mit einem anderen Teil in mir, der aufstehen und schreiben will. Konflikt. Mein primärer Prozeß will sich entspannen und herumhantieren, Möbel herstellen, aber ein anderer Teil möchte schreiben. Ich konzentriere mich auf den, der schreiben will und plötzlich spüre ich etwas. Wenn ich nicht schreibe, wird der Schreibimpuls mich verwirren und mich von meinem primären Prozeß, vom Schlafen, Entspannen und Normalsein abhalten.

Warum verbringe ich soviel Zeit unbewußt? In den letzten paar Tagen hier oben in den Bergen habe ich mich unbewußt mit einem primären Prozeß des Entspannens, Hausbauens und Aufregens über Geld und Leute identifiziert. Erinnern Sie sich an die Frage, die ich am Anfang gestellt habe? Was tun Sie, wenn Sie nicht meditieren, wenn Sie unbewußt sind? Die Antwort ist, daß Sie sich mit Ihrem primären Prozeß identifizieren. Das Vorhandensein eines sekundären Prozesses, eines Teils, mit dem Sie sich nicht identifizieren, erzeugt Bewußtheit und zwingt Sie, Ihr Bewußtsein zu einem Metakommunikator, also einem Beobachter, zu entwickeln.

Bewußtheit hat mit Erfahrung zu tun. Sie können sie in der Meditation entdecken und gestalten. Dann sind Sie sich Ihres Bewußtseins und Ihres Träumens bewußt und Sie wissen die Bedeutung dessen, was Sie träumen, schon bevor Sie es träumen.

Merkmale des Bewußtseins. – Bewußt sein bedeutet: sein Bewußtsein wahrnehmen; wissen, wer hier ist und wer nicht hier ist. Bewußt sein bedeutet: wissen, mit wem Sie sich identifizieren und wen Sie heraushalten, und es bedeutet, die primären und sekundären Prozesse, die Ihnen zugänglich sind, erkennen.

Ein Merkmal des Bewußtseins ist Ihre Fähigkeit, mit Ihrem Lebensprozeß zu arbeiten. Sie fühlen sich ihm *gewachsen*, und werden nicht von ihm niedergetreten. Sie fühlen sich multidimensional. Wenn Sie mit den Konflikten zwischen den Prozessen arbeiten und ihnen Schritt für Schritt kongruent folgen, wird Ihnen ein anderer Aspekt des Bewußtseins erscheinen: die Erfahrung von Freiheit. Stellen Sie sich Ihren Prozeß als einen von einem Löwen gezogenen Wagen vor: Freiheit bedeutet nicht, von dem Wagen überrollt oder von dem Löwen gefressen zu werden, sondern, daß Sie sowohl den Wagen fahren als auch den Löwen lenken. Bewußt und wach zu sein ist gewiß eine der höchsten und schönsten Erfahrungen im Leben. Auch ist sie nicht schwer zu erreichen. Wenn Sie sehr viel an sich selbst arbeiten, die Kanäle Ihres Erfahrungsbereichs benützen und den Beobachter in sich, den Meditierenden, wahrnehmen, können Sie das Gefühl bekommen, daß der Prozeß Sie auf dem schnellsten Weg wach machen will. Das Bewußtsein wächst auf schnellstmögliche Weise.

Außerdem bringt Bewußtwerden normalerweise nur wenige Erschütterungen mit sich, da diese nur kurzzeitig wach machen. Sie versetzen Sie nur momentan in Angst und Schrekken. Bewußtsein kann nämlich nicht gewalttätig erzwungen werden: «Bewußt werden oder sterben» ist eine erpresserische Herausforderung und wird nur zu einer Abneigung gegen das Meditieren führen. Auch schenkt Ihnen Bewußtwerden keine unmittelbare Genugtuung, die Sie nur faul und zufrieden machen würde.

Ihr persönlicher Mythos. – Die Art und Weise, in der das Bewußtsein in uns arbeitet, besteht, wie ich glaube, darin, daß wir stetig und geduldig an unserem Leben meißeln, um unsere ursprüngliche Form hervorzubringen, die sich in unserem Kindheitstraum, in unserem persönlichen Mythos zeigt. Jung hat entdeckt, daß unsere frühen Kindheitsträume und -erfahrungen Muster sind, die unseren gesamten Lebensprozeß bestimmen. Wenn Sie als Kind von Sie verfolgenden Gangstern geträumt haben, werden Sie sich wahrscheinlich häufig vorkommen wie ein guter Mensch, der ständig von einem gangsterähnlichen sekundären Prozeß konfrontiert wird. Alles, was geschieht, weist auf die Begrenzungen Ihrer Güte und Ihrer Freundlichkeit hin und zeigt, wie Ihre gangsterartigen Züge fern gehalten werden.

Bewußt zu sein bedeutet also, nicht nur die gegenwärtigen Situationen unseres Lebens wahrzunehmen, sondern auch unseren persönlichen Mythos, die Kindheitsträume und -erinnerungen, und auch die Beobachter in uns selbst, die dieses Bewußtsein gestalten.

Wer ist hier?

Machen Sie Ihre Erfahrungen in der Meditation, indem Sie herausfinden, in welchem Kanal Sie sind und wer das Gesehene, die Geräusche, die Bewegungen, die Beziehungsprobleme und die Weltprozesse in Ihnen und um Sie herum wahrnimmt. Wer ist der Wahrnehmende, der diese Signale prozessiert? Wer ist hier? Um zu erfahren, wer es ist, der meditiert, könnten Sie sich fragen: «Wer ist es, der diese Beobachtungen braucht?» Häufig sind die Beobachter in uns überzeugt von der Absolutheit ihrer Beobachtungen und ihrer eigenen Art der Wahrnehmung. Alle Signale, die Sie kennen und alle Dinge, die Sie bemerken, werden relativ. Und sie sind für den Beobachter gedacht, der die Meditation lenkt. Wenn Sie dies aufgreifen können, dann können Sie sich sowohl vom Beobachter als auch vom Beobachteten lösen. Und Sie können über beide Prozesse lachen und staunen.

Das Bewußtseinsprinzip

Ihr Prozeß führt Sie nicht nur zu Erleuchtung und losgelöster Objektivität, sondern er tut dies auch auf dem schnellsten Wege. Ich glaube, daß es so etwas wie ein Bewußtseinsprinzip, ein Gesetz des Bewußtseins gibt, das besagt:

Die Prozesse, die Sie wahrnehmen, der Schwerpunkt Ihrer Aufmerksamkeit, Ihre Kanalwechsel, Grenzen, Probleme und Krankheiten sind so organisiert und gestaltet, daß Sie auf dem schnellsten Weg erkennen können, wie Ihre sekundären Prozesse mit Ihrem primären Prozeß im Widerstreit sind.

Wenn Sie sich zum Beispiel normalerweise als einen sehr beschäftigten Menschen betrachten, der ständig unterwegs ist, Arbeiten ausführt und Bequemlichkeiten vernachlässigt, könnten Sie einen sekundären Prozeß im Hinblick auf Entspannung, Für-sich-selbst-Sorgen und Beachtung Ihrer geringsten körperlichen Bedürfnisse haben. Das Bewußtseinsprinzip kann den sekundären Prozeß auf vielerlei Wegen ins Bewußtsein bringen; den ganzen Tag könnten sich Dutzende geringfügiger Störungen bemerkbar machen, die alle die gleiche Botschaft des sekundären Prozesses enthalten. Sie werden ständig von Bedürfnissen gestört und werden hoffen, daß andere Sie umsorgen. Sie werden unerwarteterweise mitten am Tag müde und wollen ein Schläfchen machen. Und vielleicht träumen Sie von einer Katze, die sich ausstreckt und schnurrt. Das Bewußtseinsprinzip stellt also sicher, daß nur die visuellen, auditiven, Bewegungs-, propriozeptiven, Beziehungs- und Weltprozesse sich bemerkbar machen, die Sie unter Druck setzen, Ihre sekundären Prozesse so schnell wie möglich wahrzunehmen.

Gibt es diesen extremen Antrieb in Richtung größerer Bewußtheit wirklich? Wenn es wirklich ein Bewußtseinsprinzip geben sollte, warum sind dann unsere Träume in Symbole gekleidet und warum werden wir durch unseren Körper nicht in die «richtige» Richtung geleitet? Die Antwort ist, daß viele Menschen nicht auf ihre Träume reagieren; sie vergessen sie rasch. Andere reagieren nicht auf Krankheit, obwohl deren Botschaft klar ist. Entweder lehnen sie es ab, sich zu verändern, oder sie erschrecken und wollen die Krankheit möglichst rasch loswerden. Das heißt, die Intensität des Gesehenen und der Träume, der Körpererfahrungen, der Beziehungen und der Weltsituation ist umgekehrt proportional zur Stärke, mit der wir uns nach ihnen richten. Um einem Menschen eine Botschaft nahezubringen, der Träume, Visionen oder Körperprobleme nicht ernst nimmt, muß man sorgfältig vorgehen. Ist die Botschaft zu schmerzhaft und intensiv, wird der Betreffende einfach Widerstand leisten. Ist sie jedoch zu behutsam, wird er sie nicht beachten. Manche Menschen wachen auf, wenn Beziehungen ihnen zu schaffen machen. Andere reagieren nur, wenn ein großer Lehrer ihnen etwas nahebringt. Und jene, die sich weder für Beziehungen noch für Lehrer interessieren, ändern sich nur dann, wenn sie durch eine Krankheit herausgefordert werden.

Die Relativität des Bewußtseins. – Das Bewußtseinsprinzip besagt nicht, daß Sie ein Höchstmaß an Bewußtsein erreichen, sondern daß Sie den größtmöglichen Anteil, den Sie als Individuum zu einer bestimmten Zeit und an einem bestimmten Ort aufnehmen können, erreichen werden. Ein «Höchstmaß an Bewußtsein» ist ein relativer Begriff, nämlich relativ in bezug auf Ihre jeweilige Lebenssituation. In bezug auf Ihre momentanen Lebensumstände mögen Sie sehr bewußt sein. Unter anderen familiären und kulturellen Bedingungen jedoch könnten Sie sehr unentwickelt erscheinen. Wenn Sie an sich allein arbeiten, sind Sie vielleicht sehr wach. Sobald Sie aber mit anderen arbeiten, wirken Sie vielleicht ganz unbewußt. Leben Sie in einer Stadt, wird Ihr Bewußtseinsprozeß ein anderer sein als der eines Bauern in den Bergen.

Deshalb müssen verschiedene Arten von Bewußtsein entwickelt werden. Wie weit Bewußtsein reichen kann und ob es überhaupt je an ein Ende gelangt, das müssen wir erforschen. Wir wissen nur, daß der Pfad zu mehr Bewußtsein voller Wirbel und Spiralen, Höhen und Tiefen, Wiederholungen und Paradoxien ist. Wir haben jederzeit die Chance, bewußt zu werden; wir brauchen uns nur darauf einzustellen. Das Wissen über unsere vielen Identitäten ist immer vorhanden, wir müssen es nur aufgreifen.

Das Traumkörperbewußtsein in der Geschichte

Der Prozeß des Bewußtwerdens unseres totalen Selbst ist von den Alchemisten sehr genau beschrieben worden als das Kochen der *prima materia*, die sich in Gold verwandeln soll. Die Kabbalisten nannten diesen Prozeß Göttliches Erkennen, die christlichen Mystiker Licht und die Buddhisten Atman, Nirwana und Erkennen (s. auch Wilber, 1982). Die chinesischen Taoisten entwickelten Bewußtsein, indem sie einen ewigen oder «diamantenen Körper» zu erschaffen versuchten, der frei war von ihrem realen Körper. Für viele amerikanische Indianer bedeutet bewußt zu sein dasselbe wie ein Seher zu sein. Jung nannte den Prozeß der Bewußtwerdung den Individuationsprozeß, dessen Ziel die Ganzwerdung ist[12]. Ken Wilber (1982) verbindet die östlichen mystischen Traditionen mit der westlichen Psychologie, um zu zeigen, wie wir uns bemühen, immer vollständigere Ganzheitlichkeit und Erleuchtung zu erlangen.

Das Vorhandensein des Bewußtseins. – Diese Lehren beschreiben das volle Bewußtsein als eine religiöse oder als eine Gipfelerfahrung, als den höchsten Geisteszustand, den wir erreichen können und erreichen sollten. Die besten Lehrer sagen jedoch, daß diese Gipfelerfahrungen nicht etwas sind, was sich ereignen *wird*, sondern etwas, was *eben jetzt* geschieht. Wir können es jetzt direkt aufgreifen oder bis an unser Lebensende warten. Volles Bewußtsein ist jederzeit für jeden Menschen zu verwirklichen. Nie ist es zu früh oder zu spät, um damit anzufangen. Ich habe Menschen erlebt, die in den letzten Augenblicken ihres Lebens noch bewußt geworden sind. Selbst ein Koma kann das Tor sein, um zu vollem Bewußtsein zu erwachen. Im letzten Augenblick ihres Lebens fragen sich die Menschen oft: «Wer ist es, der denkt, wer ist hier, was ist das Leben?» Andere stellen sich diese Frage schon früher. Aber die Gipfelerfahrung des vollen Bewußtseins kann sich immer ereignen, wenn wir wach werden, um herauszufinden, in welchem Kanal wir sind, wer es ist, der meditiert und für wen die Zeichen dieses Lebens gemeint sind.

Dieser letzte Abschnitt sollte eigentlich das Ende des Buches sein. Nachdem ich ihn geschrieben hatte, legte ich mich auf meine schwarze Couch und schlief ein. Dabei hatte ich eine Erfahrung, die wahrscheinlich für den Beobachter in mir gedacht war, der wissen wollte, was das Leben ausmacht. Es war die eindrücklichste Vision meines Lebens: Ich sah meinen Traumkörper getrennt von meinem Körper auf der Couch und erblickte meine Frau Amy über mir in der Luft. Ich sagte zu ihr: «Das ist eine paranormale Erfahrung und ich möchte, daß Du das weißt.» Sie konnte nicht antworten. (Zwei Minuten, nachdem diese Erfahrung beendet war, rief ich sie an, und sie sagte, daß sie gerade versucht hatte, zu meditieren.) Dann sah ich Bauern, die auf ihren Traktoren an meinem Haus vorbeifuhren. Obwohl die Türen und Fenster geschlossen waren, konnte ich sehen, wie sie mit ihren neuen

Maschinen zu einem Skilift am Ende des Tales hinauffuhren, um die Wintersaison vorzubereiten. (Monate später entdeckte ich, daß genau hier ein neuer Skilift vorgesehen war, um die Berggipfel für andere noch zugänglicher zu machen.) Während der ganzen Vision war mir klar, daß ich träumte. Ich war so intensiv «wach», daß ich mich selbst auf der Couch, aber auch mein der Ewigkeit zugehöriges Ich sehen konnte. Ich meditierte mit vollem Bewußtsein in diesem veränderten Zustand meiner Vision. Ich träumte ganz klar, daß mein Leben und mein Tod Teile von mir sind. Das Bewußtsein dieser Vision schenkte mir einen ganz besonderen Frieden, zu schön, um ihn beschreiben zu können.

Es war schwierig, in meinen gewöhnlichen Körper zurückzukehren. Jeder Versuch, aufzuwachen, schmerzte, und so fuhr ich fort, aufmerksam die Welt zu erforschen. Der Zustand zog sich über Stunden hin, und ich wußte nicht, wie ich wieder herauskommen konnte. Dann erkannte ich, daß ein Teil Ihrer Fragen über Meditation die mächtige Kraft hatten, meinen Geist in meinen Körper zurückzubringen. Danke.

Fragen und Antworten

Der Prozeß trägt bereits seine eigene Lösung in sich. Wenn Sie während der Meditation auf Probleme stoßen, können Sie die Lösung in Ihrer eigenen Meditationserfahrung finden. Ich möchte Ihnen Mut machen, zu sich selbst zurückzugehen. Fangen Sie damit an, indem Sie sich fragen, in welchem Kanal Sie sich gerade befinden. Amplifizieren Sie die Signale in diesem Kanal und folgen Sie den auftretenden Kanalwechseln.

Es folgen allgemeine Fragen über Meditationsschwierigkeiten, die häufig während meiner Meditationsseminare auftauchen. Sollten Sie zusätzliche Fragen haben, schreiben Sie mir, und ich will versuchen, sie an geeigneter Stelle zu beantworten. Wenn ich die Fragen nicht beantworten kann, werde ich sie als Forschungsprojekte vorstellen. Auf diese Weise hoffe ich, daß wir gemeinsam Meditation erforschen können.

Frage: *Wenn ich meditiere, kommen mir nur banale Dinge in den Sinn. In der Tat, den ganzen Tag belästigen mich Banalitäten, auch nachts in meinen Träumen. Kann das denn Meditation sein?*

Antwort: Meditation besteht nicht nur aus dem Bewußtwerden «banaler» Störungen, die für Sie offensichtlich sekundäre Prozesse sind, sondern auch im Erfassen Ihres primären Prozesses, der im Gegensatz steht zu Banalitäten. Wer ist es, der meditiert? Sie sollten herausfinden, wer in Ihnen ein Interesse daran hat, über das Banale hinauszugelangen.

Frage: *Ich kann mich auf nichts konzentrieren. Die Dinge*
              ereignen sich zu rasch, als daß ich mich darauf kon-
              zentrieren könnte. Was kann ich tun?

Antwort: Ihre Frage zeigt mir, daß Sie leiden, weil Sie mit zu
              wenig Disziplin arbeiten. Welche «Dinge» gehen
              Ihnen durch den Kopf, und in welchem Kanal
              befinden sie sich? Warum fangen Sie nicht ganz
              von vorne an? Finden Sie den Kanal, in dem Ihr
              Prozeß stattfindet, amplifizieren Sie die Signale in
              diesem Kanal, beachten Sie Ihre Grenzen und fol-
              gen Sie dem, was geschieht. Es könnte auch sein,
              daß der Teil von Ihnen, der meditiert, zum Ziel
              hat, die Dinge sich langsam ereignen zu lassen.
              Schnelligkeit könnte für einen langsamen Teil von
              Ihnen ganz wichtig sein.

Frage: *Ich meine, daß sich in meiner Meditation nichts*
              Wichtiges ereignet. Ich bin wohl ein Versager.

Antwort: Wenn Sie das, was sich während Ihrer Meditation
              ereignet, verächtlich betrachten, werden Sie sich
              selbst wahrscheinlich auch verachten. Es sieht so
              aus, als würden Sie sich mit jemandem in sich
              selbst identifizieren, der Sie haßt. Nicht *Sie* sind
              es, der meditiert, sondern *ein Kritiker.* Wenn nur
              ein Teil von Ihnen meditiert, fehlt Ihnen der Me-
              takommunikator, der sich all Ihrer Teile bewußt
              ist. So werden Sie zum Opfer des Kritikers. Ver-
              suchen Sie, den Kanal zu wechseln. Sie könnten
              Ihre Not innerlich fühlen und dann ein Bild aus
              diesem Gefühl machen. Es könnte auch hilfreich
              sein, das Bild eines Kritikers zu sehen, der ein
              Opfer quält, und dann mit Ihrer Reaktion auf die-
              ses Bild zu arbeiten.

Frage: *Obwohl Sie Störungen als sekundäre Prozesse bezeichnen, hasse ich Lärm immer noch und wünsche mir Ruhe, während ich meditiere.*

Antwort: Ich auch. Ich hasse Störungen, wenn ich meditiere. Berücksichtigen Sie Ihr Ruhebedürfnis, ohne es zu analysieren. Ich schlage vor, daß Sie Ihren primären Prozeß ernst nehmen und die Menschen in Ihrer Umgebung bitten, ruhig zu sein und Ihren Versuch zu arbeiten ernst zu nehmen. Versuchen Sie, den Lärmpegel um sich herum zu dämpfen. Wenn Sie immer noch unglücklich sind, sollten Sie überlegen, ob Ihre Gereiztheit vielleicht eine Grenze dagegen sein könnte, selbst mehr Lärm zu machen.

Frage: *Häufig, wenn ich meditiere, habe ich Angst, ich könnte verrückt werden – ganz besonders dann, wenn ich eine Weile an diesem Problem gearbeitet habe.*

Antwort: Darauf gibt es verschiedene Antworten. Erstens könnten Sie den Versuch machen, ganz bewußt verrückt zu werden, das heißt, Sie sollten sich aus Ihrem primären Prozeß hinaustreiben. Ihre Angst vor dem Verrücktwerden könnte ein Zeichen dafür sein, daß ein sekundärer Prozeß an die Oberfläche kommen will und daß Sie im Hinblick auf Ihre Identität zu unbeweglich sind. Zweitens könnten Sie versuchen, Ihre schweigende Meditation zu beenden und sich ganz bewußt in das alltägliche Leben zu begeben. Warum sollten Sie so viel Zeit allein verbringen? Eine dritte Antwort wäre, daß Sie vielleicht lernen sollten, die Kanäle zu wechseln. Schauen Sie sich in diesem Buch noch einmal genau die Abschnitte über Grenzen und veränderte Bewußtseinszustände an. Als weitere

Möglichkeit könnten große Ängste aufkommen,
wenn Sie sich zentralen Lebensfragen nähern.
Vielleicht sind Sie an einem Ihrer mythischen Ur-
sprünge angelangt. Um sich mit solch grundlegenden Mustern befassen zu können, ist viel Geduld,
Wissen und praktische Erfahrung über Meditation und Psychologie aus Büchern und direkt von
Lehrern erforderlich.

Dabei fällt mir eine Geschichte von Muktananda
ein. Er fürchtete, verrückt zu werden, als immer
wieder in seinen Visionen eine schöne Frau zu ihm
kam, nachdem er sich der Keuschheit verpflichtet
hatte. Sein zentraler Mythos war, soweit ich das
beurteilen kann, über die Liebe zu lehren. Sein
Guru konnte ihn davon überzeugen, daß es die
Shakti war, die er sah. Der Guru tat genau das
richtige, indem er das Problem neu formulierte. So
war es nicht länger beunruhigend, sondern wurde
zum Individuationsweg. Auch Sie könnten darüber nachdenken, ob das, was Sie verrückt macht,
vielleicht der Beginn eines noch nicht umgestalte-
ten Verlangens ist, das Sie zu großer Ausgeglichen-
heit und Weisheit führt.

Frage: *Meine Probleme drehen sich im Kreis, wenn ich*
meditiere, und ich kann es nicht verhindern. Was
kann ich tun?

Antwort: Ihre Probleme drehen sich im Kreis, weil Sie den
Inhalt der Probleme nicht ausreichend beachten
und schätzen. Untersuchen Sie dieses Sich-Drehen und fragen Sie sich, welcher Art die Grenzen
sind, die dabei auftauchen. Wenn Sie diese Grenzen überwinden, kann ich Ihnen versprechen, daß
das Sich-im-Kreis-Drehen aufhören wird. Vor
kurzem habe ich mir das erste eigene Stück Land

gekauft und verbrachte einige schlaflose Nächte mit Grübeln, wie ich es wohl bezahlen könne. Meine Grenze war, um Hilfe zu bitten. Als ich dann schließlich einen Freund um finanzielle Unterstützung bat, hörte das Sich-im-Kreis-Drehen auf.

Frage: *Was sind, aus Ihrer Erfahrung, die zentralen Bereiche, in denen die Menschen bei der Arbeit an sich selbst stecken bleiben?*

Antwort: Ein zentraler Ort sind die unbesetzten Kanäle. Hier schwimmt jeder. Die Therapie hierfür wäre, einen Hauptkanal zu Hilfe zu nehmen.

Ein anderes zentrales Problem ist, daß man an eine Grenze kommt und sein klares Bewußtsein verliert. Wenn Sie zum Beispiel an sich selbst arbeiten und anfangen, sich zu bewegen, und dann mitten in der Bewegung aufhören, ohne sie zu Ende zu führen, sind Sie an eine Grenze gekommen. Sie haben eine Grenze gegen diese bestimmte Bewegung; sie ist zu heftig, zu liebevoll, oder zu geheimnisvoll für Ihren primären Prozeß. Wenn Sie diese Grenze nicht aufgreifen, bleiben Sie stecken und verlieren Ihr Prozeßbewußtsein. Manchmal erscheint eine Grenze in Form einer Überfülle an Sehmaterial. Visionen wechseln zu rasch, wenn Sie sie nicht ernst nehmen oder wenn Sie die ihnen innewohnende Information nicht aufgreifen.

Ein anderer Punkt, an dem Hilfe notwendig ist, betrifft das Zu-Ende-Bringen von Erfahrungen. Oft sehen oder fühlen die Menschen etwas Wichtiges und dann kümmern sie sich plötzlich nicht mehr darum. Einen Prozeß vollenden bedeutet, daß man ihn nicht nur fühlt oder sieht, sondern daß man ihn in vielen Kanälen und so vollständig wie nur möglich erlebt. Einen Prozeß in einem normalerweise unbesetzten Kanal zu erfahren, wird zwangsläufig seine Bedeutung steigern. Nehmen Sie genau dieselben Kanalwechsel, von denen Sie normalerweise gestört werden und die Sie normalerweise belästigen, und benutzen sie diese als Muster, um Ihre Arbeit zu vollenden.

Frage: *Am Beginn einer Meditationswoche arbeite ich ein paar Tage an emotionalen Komplexen. Später in der Woche komme ich dann zu transpersonalen Erfahrungsebenen. Wie sind diese Ebenen miteinander verbunden?*

Antwort: Ich setze voraus, daß «transpersonal» sich auf Zustände außerhalb Ihres primären Prozesses, Ihrer Erfahrungen der Alltagswirklichkeit, bezieht. Wenn Sie daher einfach einmal ganz still sitzen oder sich eine Woche außerhalb Ihrer Alltagswirklichkeit nehmen, werden Sie zwangsläufig Ihren primären Prozeß der Alltagseinstellung in eine meditative Haltung bringen. Diese neue Einstellung ist deshalb «transpersonal», weil sie sich mit unüblichen, nicht alltäglichen Dingen befaßt. Eine neue Aufgabe wäre nun, diese überpersönliche innere Haltung mit in Ihr Alltagsleben hineinzunehmen.

Frage: *Was heißt für Sie «Erleuchtung»?*
Antwort: Das Wort Erleuchtung versuche ich möglichst wenig zu gebrauchen, weil es einen Zustand beschreibt. Ich spreche lieber von Erwachen. Für mich ist «Wachsein» ein relativer Begriff. Ein wacher Mensch hat raschen Zugang zu veränderten Bewußtseinszuständen und ist fähig, mit diesen Zuständen in verschiedenen Kanälen zu arbeiten.

Er kann propriozeptiv wahrnehmen, hören, sehen, sich bewegen, Beziehungen zu anderen oder zu der Erde aufnehmen und sich klar darüber sein, wer es ist, der meditiert.

Ein wacher Mensch kann in veränderte Zustände geraten, und er wird immer noch metakommunizieren können. Deshalb kann er auch mit starken Affekten, wie Zorn, in vielen verschiedenen Kanälen prozeßorientiert arbeiten. Wenn ein Mensch hellwach ist, kann er sich in einem Zustand des Friedens an Schwierigkeiten erinnern, denen er sich gegenübersieht und an ihnen arbeiten, selbst wenn sie im Moment nicht so aktuell sind. In betrunkenem Zustand kann man Zugang zur Nüchternheit haben. Man kann sich in tiefer Körperarbeit befinden und doch einen wachen Verstand behalten.

Wenn Sie wach sind, ändern Sie sich in Übereinstimmung mit Ihrer inneren und der äußeren Welt. Das bedeutet, daß Sie Ihre Wahrnehmung von der Welt und Ihr Verhalten verändern können entsprechend den Signalen, die sie Ihnen sendet; Sie ändern sich gemäß dem Feedback, das Sie bekommen.

Ein erleuchteter Mensch könnte sehr viel Mitgefühl haben für andere, könnte aber, wenn es nötig ist, auch sehr objektiv und hart sein. Für mich ist ein hellwacher Mensch fähig, in anderen Menschen Reaktionen auszulösen, die für alle Beteiligten hilfreich sind.

Frage: *Nach Muktananda erhalten wir, indem wir einen Guru verehren, den Funken, den wir brauchen, um wach zu werden. Wie denken Sie darüber?*

Antwort: Ich habe Muktananda geliebt und habe geweint,

als er gestorben ist. Ich stimme mit ihm überein, daß Erleuchtung sich ereignen kann durch den Funken, die Shaktipat, eines guten Lehrers. In einer von Muktanandas Geschichten erhielt ein gelehrter und vornehmer Mann die Shaktipat, als er Muktanandas Badezimmer putzte. Muktananda fand ihn eines Nachts in diesem Raum in tiefer Meditation. Der Raum des Gurus sprengte den Akademiker aus seinem rationalen primären Prozeß hinaus. Für mich bedeutet ein solcher Funke jedoch gerade erst den Anfang einer gewaltigen Umwandlung. Jetzt beginnt das wahre *opus magnum*, das große Werk, in dem das gesamte Leben dieses Mannes umgewandelt werden wird.

Ich habe manche Situationen, in denen sich plötzlich eine Erleuchtung ereignete, in meinen Seminaren erlebt: Ich habe Shaktipats gesehen, habe sie selbst erfahren und habe viele Geschichten darüber gehört, wie der Funke die ganze Welt eines Menschen auseinandersprengen kann. Obwohl ich dies sehr hoch einschätze, ist es doch nur einer der vielen Punkte, die mich an der Meditation interessieren. Durchbrüche sind die am meisten unvergeßlichen und dramatischen Meditationserfahrungen, aber sie sind nur ein Anfang. Durchbrüche ereignen sich zum Teil auch deshalb, weil zu lange ein Widerstand gegen sie da war; ohne unsere Fähigkeit, sie zu integrieren, werden sie jedoch unser Weltbild lediglich vorübergehend umwerfen und in Frage stellen.

Frage: *Denken Sie, daß die Bewußtheit der Welt Fortschritte macht? Wenn das Bewußtseinsprinzip besagt, daß Leben so organisiert ist, daß es uns so rasch wie möglich zum Erwachen bringt, würde*

dann nicht die gesamte Menschheit diesen Bewußt-
seinszustand erstreben?

Antwort: Ich hoffe es. Ökologische und militärische Gefahren haben die Welt gerade dahingehend wachge-
rüttelt, zu erkennen, daß sie einmalig ist. Genma-
nipulationen erlauben uns, Leben unter Kontrolle zu bringen, und die Atombombe erlaubt es uns,
jegliche Existenz hier zu vernichten. Alles, was
wir heute tun, muß mit sehr viel wachem Bewußtsein getan werden, oder wir werden allesamt un-
tergehen. Diese Gefahren sind – oder sie könnten
es sein – der gewaltige Antrieb, wach und bewußt
zu werden. Wird die Welt nun die Fähigkeit entwickeln, mit ihrer bewußten Wahrnehmung prozeßorientiert umzugehen? Sie hat keine Wahl.

Frage: *In Indien wird eine religiöse Erfahrung an drei oder*
mehr Kriterien gemessen. Sie muß von einem Guru
anerkannt sein, sie muß in den Schriften vorkom-
men, und der Meditierende muß es sicher fühlen. Ist
das nicht autoritär?

Antwort: Nicht unbedingt. Sie dürfen nicht vergessen, daß
das indische System diese Vorschriften braucht,
weil es keinen Beziehungskanal in der Meditation
besitzt. Sein Vorbild ist das objektive unbeein-
flußbare, in sich ruhende, liebevolle Individuum.
Wenn Sie an Unstimmigkeiten mit anderen nicht
interessiert sind und sie daher nicht wahrnehmen,
besteht die Gefahr, daß Sie sich mit einem bestimmten Teil Ihres Prozesses identifizieren und
beispielsweise meinen, Sie seien Jesus. Deshalb
«flippen» manche Meditierende einfach aus und
geraten in aufregende, außergewöhnliche oder sogar psychotische Episoden. In solchen Fällen sind
die Schriften und der Lehrer der sekundäre Pro-

zeß des Schülers, die ihn davon abhalten, in die Wolken abzuheben.

Wenn Sie jedoch nach dem Muster meditieren, für das Beziehungen ein Studienobjekt sind, dann benötigen Sie diese alten Vorschriften nicht. Wenn Sie sich mit einer religiösen Figur identifizieren, werden Sie massive Schwierigkeiten in Ihren Beziehungen bekommen. Diese Beziehungen sind ein gewisser Schutz für Sie. Durch sie werden Sie gezwungen, sich verständlicher zu machen und Rechenschaft über Ihre religiösen Zustände abzulegen. So können Ihr Nachbar oder Ihr Partner oder auch die Schriften zu Ihrem Lehrer werden.

Frage: *Meditierende haben sich immer auf übernatürliche Kräfte, wie zum Beispiel Telepathie, berufen. Sind Ihnen solche Kräfte bei Ihrer Arbeit auch begegnet?*

Antwort: Ja, sowohl während als auch außerhalb der Meditation. «Paranormale» Ereignisse und Synchronizitäten sind im Prozeßparadigma ein Ausdruck von unbekannter Information im Weltkanal. Wenn ein Mensch dabei ist, in die Welt zu gehen, und unbedingt mehr Kontakt zu spirituellen und «paranormalen» Kräften braucht, füllt sich der Weltkanal oft mit geheimnisvollen und ungewöhnlichen Ereignissen.

Frage: *Halten Sie es für wichtig, daß ein Therapeut seinen Klienten das Meditieren beibringt?*

Antwort: Ja. Wenn Sie die Rolle eines Helfers und Heilers übernommen haben, wird es für viele Ihrer Klienten nützlich sein, herauszufinden, wie sie sich selbst helfen können. Die meisten Klienten brauchen Hilfe und Kameradschaft und auch Unterstützung darin, die Weisheit ihrer eigenen Prozesse würdigen zu lernen. Sie könnten versuchen, Ihren Klienten bei ihrer inneren Arbeit beizustehen, indem Sie sie auf ihre Grenzen, ihre besetzten und unbesetzten Kanäle und auf den, der meditiert, hinweisen.

Frage: *Wenn ich aufhöre, zu meditieren, kommt die Welt wieder zu mir zurück, und ich werde depressiv. Die Welt nach der Meditation wieder zu betreten, ist oft eine schwierige und schmerzhafte Aufgabe, die ich nur erfüllen kann, weil ich die Menschen liebe.*

Antwort: Wenn Ihre Zuneigung zu den Menschen Ihr Leben lebenswert macht, könnte dieses Gefühl Sie motivieren, Ihren Schwerpunkt der Meditation auf Beziehungen zu legen. Sie befinden sich dann, im Prozeßparadigma gesprochen, im gleichen Meditationszentrum wie zuvor. Sie arbeiten immer noch an sich selbst, ob mit oder ohne die anderen. In Wirklichkeit können Sie gar nicht irgendwann aufhören, prozeßorientiert zu meditieren. Denn wenn Sie Ihre introvertierte Arbeit beendet haben, machen Sie mit einer anderen Meditation weiter, Ihrem alltäglichen Leben. Es ist Illusion zu meinen, man würde «die Welt wieder betreten», denn, so paradox das klingen mag, man kann sie tatsächlich niemals wirklich verlassen. Vom Standpunkt des wachen Meditierenden sind all die verschiedenen Welten, innere und äußere, körperliche und geistige, Tod und Leben, verschiedene Aspekte desselben geheimnisvollen Universums. Sie alle sind einfach verschiedene Kanäle voll leuchtender Signale und bedeutungsvoller Informationen, deren Botschaft von uns erfaßt und entfaltet werden will.

Anhang

Erläuterungen

Amplifizieren: Verstärkung von Signalen oder Symptomen im gleichen Kanal oder in einem oder mehreren anderen.

Bewußtsein: Wachsamkeit; Zustand der Wahrnehmung seiner selbst und seiner Umgebung; Vorhandensein eines Metakommunikators, des objektiven, unvoreingenommenen Beobachters, der die Interaktionen zwischen primären und sekundären Prozessen wahrnimmt (und sie beschreiben kann).

Grenze: die äußerste Grenze dessen, was wir uns zutrauen. Beschreibung von etwas, von dem wir überzeugt sind, daß wir es niemals werden erfahren oder leben können.

Kanal: Art und Weise unserer Wahrnehmung. Wir unterscheiden folgende Kanäle:
– visueller Kanal: Wahrnehmung über das Sehen;
– auditiver Kanal: Hören und Aufnahme von Informationen über Töne und Geräusche;
– propriozeptiver Kanal: Körperwahrnehmung von Empfindungen, zum Beispiel Druck, Hitze oder Temperatur;
– kinästhetischer Kanal: Wahrnehmung über den Bewegungssinn;
– Beziehungskanal: Aufnahme von Information derart, als würde sie von einer anderen Person wahrgenommen oder als käme sie von jemand anderem;
– Weltkanal: Aufnahme von Information, als finde sie in der ganzen Welt statt oder würde von der ganzen Welt wahrgenommen.

Metakommunikator: neutraler, objektiver Beobachter in uns, der fähig ist, sowohl den primären wie den sekundären Prozeß und deren Interaktionen hellwach wahrzunehmen – wie von einer höheren Warte aus – und gleichzeitig diese Wahrnehmungen und entsprechende Schlußfolgerungen beschreiben zu können.

Paradigma: Wertesystem; Grundlage eines Weltbildes.

Primärer Prozeß: alles, was mit unserer persönlichen Identität verbunden ist.

Prozeß: Bewegungsfluß von Signalen in Kanälen im Bereich kurzer Zeitabschnitte sowie die sich ändernden Erfahrungen unserer Identität während des gesamten Lebens (s. auch primärer Prozeß, sekundärer Prozeß, Kanal, Signal).

Prozessieren: das Arbeiten mit oder das Sich-Entfalten-Lassen von Symptomen oder Signalen.

Sekundärer Prozeß: Erfahrungen, die wir als nicht zu unserer persönlichen Identität gehörend empfinden. Wir nehmen sie in passiver Weise oder als Emotionen oder Erfahrungen wahr, mit denen wir uns nur sehr schwer identifizieren können, zum Beispiel Wut, Neid, Angst, Macht oder Numinosität.

Signale: kleine Einheiten und Teile von Information.

Traumkörper: Beschreibung einer Körpererfahrung, die dann eintritt, wenn wir innere Bilder mit Körperempfindungen und Symptomen in Verbindung bringen.

Unbewußtes: in diesem Zustand sind wir mit der Wahrnehmung identifiziert, das heißt, wir sind unfähig, uns unseren Wahrnehmungen bewußt zu werden, sie zu bemerken oder ihnen zu folgen.

Veränderter Bewußtseinszustand: vorübergehender Wechsel der Aufmerksamkeit vom primären zum sekundären Prozeß. Dies kann willentlich oder auch spontan in Form eines Kanalwechsels geschehen.

Anmerkungen

1 [Einige der Begriffe, die für den Autor spezifisch sind, werden im Glossar erläutert. Für ausführliche bibliographische Angaben vgl. auch das Literaturverzeichnis (Anm. Verlag).]

2 Diese Begebenheit, erstmals mitgeteilt von Ram Dass, kann in seinem «Encounter with Fritz Perls» bei Jack Downing (1976) nachgelesen werden.

3 Vgl. Mindell, «Schlüssel zum Erwachen» (1990) für eine Untersuchung der Arbeit mit Sterbenden und «Die Schatten der Stadt» (1989) für Interventionen mit psychotischen Menschen.

4 Selbst manche Lehrer könnten diese Probleme haben; vgl. Bodian (1986).

5 Castaneda, «Reise nach Ixtlan» (1976); Trungpa (1984).

6 Die beste Beschreibung der Aktiven Imagination gibt Hannah (1985).

7 Eine ausgezeichnete Einführung in die Praxis der Visionssuche gibt Storm (1972).

8 Don Juan ist der Name des Yaqui-Indianers, des Schamanen und Mentors in der Buchreihe von Carlos Castaneda; vgl. besonders «Reise nach Ixtlan».

9 Ich möchte Jim Beggs für den Hinweis auf diese Analogie danken; vgl. auch Weinhold und Beggs (1984), Seite 23.

10 Die Idee, bei der Körperarbeit auch zu malen, geht auf einen Vorschlag von Rhoda Isaacs zurück.

11 Diese Geschichte ist beschrieben in Trungpa (1984), Seite 123.

12 Zum Individuationsprozeß vgl. Jung, «Psychologie und Alchemie».

Literaturverzeichnis

Adair, Margo: Working Inside Out, Tools for Change: Applied Meditation for Intuitive Problem Solving. Berkeley: Wingbow 1984

Bodian, Stephan: ‹Baba Beleaguered›. In: Yoga Journal (Juli/August 1986)

Castaneda, Carlos: The Teachings of Don Juan. New York: Simon & Schuster 1968; dt.: Die Lehre des Don Juan. Frankfurt: Fischer 1973

    –: Journey to Ixtlan. New York: Simon & Schuster 1972; dt.: Die Reise nach Ixtlan. Frankfurt: Fischer 1976

    –: A Separate Reality. New York: Simon & Schuster 1972; dt.: Eine andere Wirklichkeit. Frankfurt: Fischer 1990

Dass, Ram und *Steindl-Rast, David:* ‹An Encounter with Fritz Perls›. In: Jack Downing (Hrsg.): Gestalt Awareness. New York: Perennial Library, Harper & Row 1976

–: ‹On Lay Monasticism›. In: Journal of Transpersonal Psychology 2 (1977)

Downing, George: Massage Book. New York: Random House 1972; dt.: Massage und Meditation. München: Goldmann 1989

Downing, Jack (Hrsg.): Gestalt Awareness. New York: Perennial Library, Harper & Row 1976

Feynman, Richard P., Leighton, R. B., und *Sands, M.:* The Feynman Lectures on Physics. Reading, Mass.: Addison-Wesley 1966; dt.: Feynman-Vorlesungen der Physik. München: Oldenbourg 1987–1988

Goldstein, Joseph: The Experience of Insight: A Natural Unfolding. Santa Cruz: University Press 1976

Goleman, D.: The Varieties of Religious Experience. New York: Dutton 1977

–: ‹Buddhist and Western Psychology: Some Commonalities and Differences›. In: Journal of Transpersonal Psychology 13 (1981)

Hannah, Barbara: Active Imagination. Los Angeles: Sigo Press 1981; dt.: Begegnungen mit der Seele. München: Kösel 1985

Inge, W. R.: Christian Mysticism. New York: Meridian Books 1956

Iyengar, B.K.S.: Light on Yoga. London: George Allen & Unwin Ltd 1968; dt.: Licht auf Yoga. Bern, München, Wien: Scherz 1978

Jung, Carl Gustav: Gesammelte Werke [GW], 20 Bde, hrsg. von Lilly Jung-Merker, Elisabeth Rüf und Leonie Zander. Olten und Freiburg im Breisgau: Walter 1971 ff., besonders GW 8: Die Dynamik des Unbewußten; GW 12: Psychologie und Alchemie; GW 14: Mysterium coniunctionis.

–: Der Mensch und seine Symbole. Olten: Walter 1988

Kalff, Dora: Sandspiel. Seine therapeutische Wirkung auf die Psyche. Stuttgart und Zürich: Rascher 1966.

Kaplan, Amy: ‹The Hidden Dance: An Introduction to Process-oriented

Movement Work›. Master's Thesis, Antioch University, Yellow Springs, Ohio 1986

Khanna, Madhu: Yantra, Tantric Symbol of Cosmic Unity. London: Thames & Hudson 1979; dt.: Das große Yantra-Buch. Das Tantra Symbol der kosmischen Einheit. Braunschweig: Aurum 1980

LeShan, Lawrence: How to Meditate. New York: Bantam Books 1986

Mann, Richard: Light of Consciousness. Albany: State University of New York 1983

Mindell, Arnold: Dreambody. Los Angeles: Sigo Press, 1982; und London: Routledge & Kegan Paul 1984; dt.: [gleicher Titel] Fellbach: Bonz 1985

–: Working with the Dreaming Body. London: Routledge & Kegan Paul 1985; dt.: Der Leib und die Träume. Paderborn: Junfermann 1987

–: River's Way. London: Routledge & Kegan Paul 1986; dt. in Vorbereitung.

–: The Dreambody in Relationships. London: Routledge & Kegan Paul 1987; dt. in Vorbereitung

–: City Shadows. Psychological Interventions in Psychiatry. London: Arkana 1988; dt.: Die Schatten der Stadt. Paderborn: Junfermann 1989

–: The Year 1. London: Arkana 1989; dt.: Das Jahr Eins. Olten und Freiburg im Breisgau: Walter 1991

–: Coma. Key to Awakening. Boston: Shambhala 1989; dt.: Schlüssel zum Erwachen. Olten und Freiburg im Breisgau: Walter 1990

Muktananda, Swami Baba: The Play of Consciousness. California Shree Gurudev Siddha Yoga Ashram 1974; dt.: Spiel des Bewußtseins. Braunschweig: Aurum 1986; vgl. Peeth, Gurudev Siddha

Patanjali: The Yoga Sutras, übers. von Swami Prabhavananda und Christopher Isherwood. New York: Mentor 1953

Peeth, Gurudev Siddha: In the Company of a Siddha. Interviews and Conversations with Swami Muktananda. Ganeshpuri India 1981

Perls, Fritz: Gestalt Therapy Verbatim. Lafayette: Real People Press 1969; dt.: Gestalttherapie in Aktion. Stuttgart: Klett-Cotta 1979

Progroff, Ira: The Practice of Process Meditation: The Intensive Journal Way to Spiritual Experience. New York: Dialogue House Library 1980

Rawson, Philip: Tantra: The Indian Cult of Ecstasy. London: Thames & Hudson 1973

Reps, Paul (Hrsg.): Zen Flesh, Zen Bones. New York: Anchor Books 1961

Rinpoche, Tarthang Tulku: ‹A View of Mind›. In: Journal of Transpersonal Psychology 11 (1976)

Ruchpaul, Eva: Hatha Yoga. Paris: Presses Universitaires de France 1978

Satprem: Sri Aurobindo or The Adventures of Consciousness. New York: Harper & Row 1974

Sayadaw, Mahasi: Practical Insight Meditation. San Francisco: Unity Press 1972

Schultz, J. H.: Das autogene Training. Konzentrative Selbstentspannung. Stuttgart: Thieme 1986

Shibayama, Z.: Zen Comments on the Mumonkan. New York: Harper & Row 1974; dt.: Zu den Quellen des Zen. Bern, München, Wien: Scherz 1976

Storm, H.: Seven Arrows. New York: Harper & Row 1972; dt.: Sieben Pfeile. München: W. Fink 1980

Suzuki, Shunryu: Zen Mind, Beginner's Mind. New York: Weatherhill 1970; dt.: Zen-Geist, Anfänger-Geist. Zürich: Theseus 1982

Tart, Charles: States of Consciousness, Psychological Processes. El Cerito, California: Dutton 1975

–: ‹The Basic Nature of Altered States of Consciousness, A Systems Approach›. In: Journal of Transpersonal Psychology 1 (1976)

–: ‹Altered States of Consciousness and the Search for Enlightenment›. In: The Open Mind 2 (January 1985)

–: ‹Meditation›. In: The Open Mind 4 (Summer 1986)

–: Waking Up, Overcoming the Obstacles to Human Potential. Boston: Shambhala 1987; dt.: Hellwach und bewußt leben. Bern, München, Wien: Scherz 1988

Thera, Nyanaponka, Satipatthana: The Heart of Buddhist Meditation: A Handbook of Mental Training Based on the Buddha's Way of Mindfulness. New York: Samuel Weiser 1975

Trungpa, Chogyam: The Myth of Freedom. Boston: Shambhala 1976; dt.: Das Märchen von der Freiheit und der Weg der Meditation. Braunschweig: Aurum 1978

–: The Sacred Path of a Warrior. Boulder: Shambhala, 1984; dt.: Das Buch vom meditativen Leben. Die Shambhala-Lehren vom «Pfad des Kämpfers». Bern, München, Wien: Scherz 1988

Underhill, Evelyn: Mysticism: A Study in the Nature and Development of Man's Spiritual Consciousness. New York: Dutton 1911, 1961; dt.: Mystik. Eine Studie über Natur und Entwicklung des religiösen Bewußtseins. Bietigheim: Lorber 1973

Washburn, M.: ‹Observations Relevant to a Unified Theory of Meditation›. In: Journal of Transpersonal Psychology 10 (1978)

Watts, Alan: Psychotherapy East and West. New York: Ballantine Books 1968; dt.: Psychotherapie und östliche Befreiungswege. München: Goldmann 1986

Weinhold, Barry, und *Beggs, James:* Transforming Persons and Programs. Alexandria, Va.: A.A.C.D. Press 1984

Whitehouse, Mary: ‹C. G. Jung and Dance Therapy: Two Major Principles›. In: Penny Bernstein (Hrsg.): Eight Theoretical Approaches in Dance-Movement Therapy. Dubuque, Iowa: Kendal/Hunt 1979